围棋打谱提高法：
黑棋的作战下法
与白棋的行棋意图

（日）水间俊文　编著

刘林　鲁健　译

辽宁科学技术出版社
沈阳

Okigodewakaru Igojoutatsuhou Kuronosakusen to Shironoito

Copyright © 2020 Toshifumi Mizuma

All rights reserved.

First original Japanese edition published in 2020 by Mynavi Publishing Corporation., Japan

Chinese (in simplified character only) translation rights arranged with Mynavi Publishing Corporation., Japan.

through CREEK & RIVER Co., Ltd. and CREEK & RIVER SHANGHAI Co., Ltd.

图书在版编目（CIP）数据

围棋打谱提高法：黑棋的作战下法与白棋的行棋意
图 /（日）水间俊文编著；刘林，鲁健译. —沈阳：辽宁科
学技术出版社，2023.5

ISBN 978-7-5591-2898-0

Ⅰ.①围… Ⅱ.①水… ②刘… ③鲁… Ⅲ.①围棋—
基本知识 Ⅳ.①G891.3

中国国家版本馆CIP数据核字（2023）第024592号

出版发行：辽宁科学技术出版社
　　　　　（地址：沈阳市和平区十一纬路25号　邮编：110003）
印 刷 者：辽宁新华印务有限公司
经 销 者：各地新华书店
幅面尺寸：170mm×240mm
印　　张：14
字　　数：150千字
印　　数：1～4000
出版时间：2023年5月第1版
印刷时间：2023年5月第1次印刷
责任编辑：于天文
封面设计：潘国文
责任校对：尹　昭　王春茹

书　　号：ISBN 978-7-5591-2898-0
定　　价：58.00元

联系电话：024-23284740
邮购热线：024-23284502
E-mail:mozi4888@126.com
http://www.lnkj.com.cn

前　言

今年正好是我成为职业棋手的第三十年，在这期间，我参加了很多比赛对局，同时，也在围棋教室以及各种围棋活动中和广大业余爱好者多有交流。

在这一过程中，围棋的基本思考方法和业余棋手常见的弱点引起我的极大关注——对此，我将在这本书中尽可能用浅显易懂的语言进行论述。

围棋书的作者大多是职业棋手或业余高段棋手等棋力高强的人，他们不知不觉地会在对作者而言是理所当然的前提下进行写作，认为读者对专业术语都能够理解。然而，对于很多读者来说，会发出这样的疑问："这是什么意思？"

这次，我将尽力对所谓的"围棋的理所当然"进行深入的发掘，把它用谁都能够理解的普通话"翻译"出来。

同时，我感觉到，在和高手下让子棋时，很多人都会陷入苦战，因此，我将二子到四子的让子棋作为教材来进行分析、论述。要说明的一点是，其围棋的基本思考方法是和五子以上的让子棋以及一子不让分先平下完全一致的，应用效果立竿见影。

这本书如果能够在提高棋力方面让读者有所收益，成为感受到围棋快乐的契机，我将不胜荣幸。

水间俊文

2020年8月

目　录

第 1 章　布局的思考方法

布局就是布置棋子的意思，表示在围棋开局的序盘阶段，着眼于未来的行动，现在已经成为一般用语而广为人知。

在什么都没有的盘面上，黑白子相互轮流下子，为今后局面导向有利于自己的作战奠定基础。

这里，非常重要的是以下三点：

- **不拘泥于细微之处。**
- **意识到棋盘上的"高处"和"广处"。**
- **意识到棋子之间大致的联络。**

爱好者常常困惑于总不长棋，深信围棋有绝对的正解，总是陷于失败或下错了的意识中，本来，布局的阶段是最可以自由自在快乐地下的，结果却在苦恼中度过。

其实，布局阶段根本没有必要拘泥，即便下得不是那么正确。

首先，在总体上构思自己想发展的方向和重要的棋子和场所，然后自然流畅地落子。

不必拘泥于细微的事情，棋子的接触战斗放到中盘以后再说。

在棋盘上，一线是最低的地方。从这里一线一线逐渐依次变高，"天元"则是最高的地方。

可以想象成高山、岛屿或者金字塔的形状。

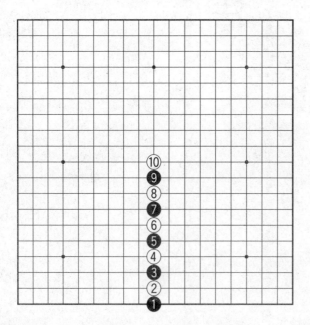

盘面的低处，由于位于盘面的边缘，向外没有出路，不仅活动范围狭小，战斗起来也处于不利的状态，而且也很难增加实地，是没有什么意思的地方。

过低的一线、二线尽可能放到后面再去下，这是长棋的一个要领。

然后，伴随着盘上棋子的不断增加，就会出现**"这里已经有了对方的棋子，地方已经变得狭小"**和**"那里还没有棋子或棋子还很少，地方（空间）很宽广"**的情况。

打个比方，这就像人口密度高的城市和没有任何人住的大平原。

围棋是比赛结束时以实地更多的一方获胜的游戏。

为了得到比对方更多的实地，从布局开始，与其拘泥于人口密度高的狭窄的土地，不如到谁都没有的大平原去，开拓、增加自己的新土地，这种方法更为有利。

但是，如果总是想，"希望很快就拿到确实的实地""不想让对方拿到实地（嫉妒心）""对方下了一手后一定要应一手"，那么就会拘泥于狭小的地方，成为每每失败的原因。

发现盘上宽广的地方（大场），让我们去开拓崭新的天地吧（当然，即便是没有人住的地方，棋盘五线以上的中央是很难围出实地的，还是要先从角上和边上开始）。

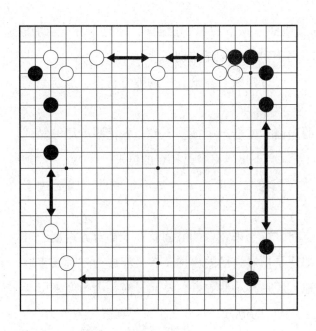

黑先　往哪个方向发展呢?

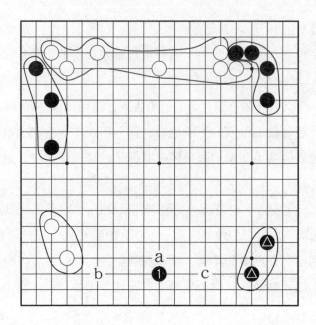

这个场面白棋的棋子基本上已经联络在一起了，而下面还没有棋子的地方则成为最大的空间。下一手轮到黑棋的话，像黑1这样，行棋的方向放在宽广的下面，则是非常好的选择。

在这里，或许有人会犹豫烦恼，是下在黑1三线好，还是下在a位四线好，抑或干脆下到b位，其实，各有利弊，不用特别在意。

重要的是，现在的局面下，经过判断后在最宽广的地方行棋，那就是漂亮的一手。

如果总是过度思考今后的局面，就会产生很多不安。先把眼下能够做到的，一步一步地积累起来，自然就会下出具有自己特点的棋来。

不过，同样是下边，c位与黑▲二子距离太近是不足取的，因为过于狭小了。

如果满足于自己的狭小空间，留下来宽广的空间就有了被对方占据的可能性。或许有人会这样想，即便是扩展自己的模样（有可能成为阵营或实地的空间），反正也成不了实地，还是狭小些更好。然而，换一个角度来思考是不是更好呢？由于自己下在了宽广的地方，对方就很难得到很大的实地。

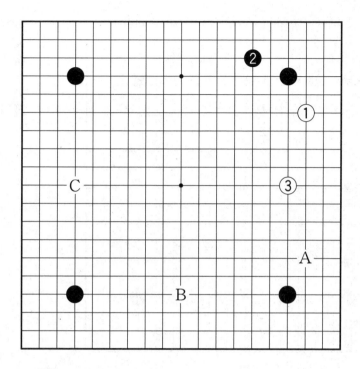

问题图

本图是4子局的布局。

没有数字的黑棋是被让的子。

局面如数字的顺序所示，白1在右上小飞挂角，黑2小飞守角，白3占据右边星位。

虽然是序盘，局面还早，但是下一手黑棋的方向哪里最好呢?

想下的地方太多了，请在A～C中选择一个。

这里没有绝对的正解，请放松心情去思考。

后面的问题也同样是选择题。

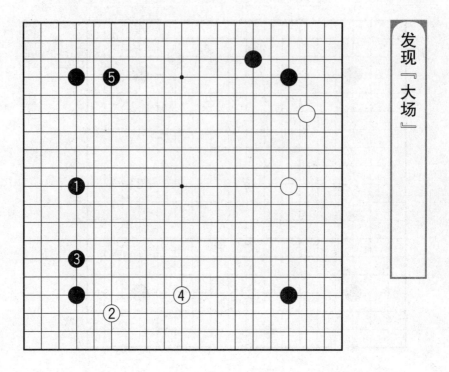

图1

所谓的"**大场**"，指的就是棋盘上还剩下的棋子不多的宽广空间。

这个局面，黑1是最大的大场。白2~4如占据下边的大场，黑棋就可以占据下一个大场，那就是上边的黑5的关守角。从左边到右上的黑二子，黑棋之间大致形成了一种联络。

这种棋子的大致联络所构成的可能成空的阵营就叫作"**模样**"。

特别大的模样就叫"**大模样**"，是下围棋时的快乐之一。

模样并不能全部成为实地，对打入的敌人进行攻击，就容易获得盘面上的主导权。

在考虑棋子之间大致的联络之际，能够联想到星座是非常好的感觉。把棋子想象为星星，那就很容易做到这一点了。

大脑一旦开始想象，就会和脑的活性化产生联系——让我们去发现白棋和黑棋的模样吧。

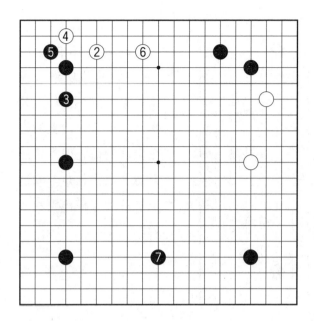

图2

图2（面向对方没有下子的地方）

　　白2～6占据了上边，现在轮到黑7占据没有白子的下边大场。黑棋从左边至下边再到右下角粗线条联络在一起，构成了大模样。

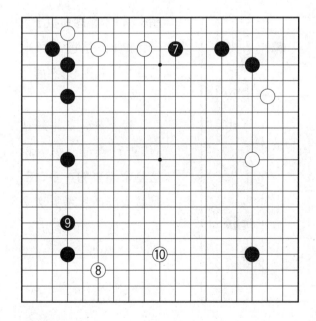

图3

图3（跟着应不好）

　　图2中的黑7，如果下在图3中的黑7位置，在白棋已经下子的狭窄的上边跟着应一手的话，那就是下在了很小的地方。

　　白8先行占据到大场，黑棋的模样由于被限制在左边，已经变得很小了。

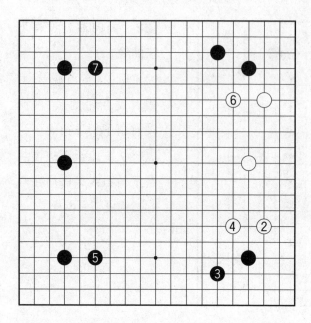

图4

图4（单边的山形不大）

很多人不喜欢白2在右边构成山形（像山一样的形状），其实，如果只是边上的这个幅度的话，根本不必介意。黑棋从角上到边上扩展的大模样更胜一筹。

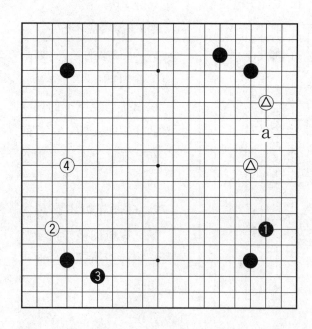

图5

图5（过于顾虑白棋）

黑1，是过于顾虑白△二子和图4形态的一手。

接下来，如果黑在a位进行攻击，可以说这是很漂亮的一手，但是从大场的思考方法来看，还是狭小的地方。

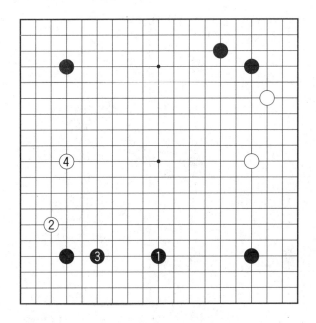

图6

图6（发展性不大）

黑1，看上去和图1差不多，但是被白棋先行下在了左边的大场，而由于右边也被白棋占据，这样，下边的发展空间并不大，模样被限制住了。

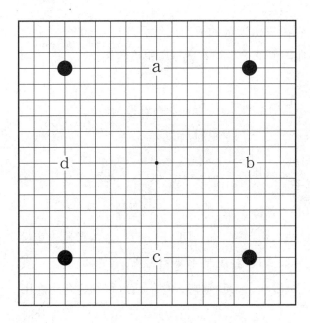

图7

图7（4子局布局的思考方法）

4子局是先在四个星位上摆上黑棋。这样就剩下a～d的四个边可以下了。因为围棋是你一手我一手交替下子的游戏，所以，从道理上讲，白棋可以占据两个边，而黑棋也可以占据两个边。

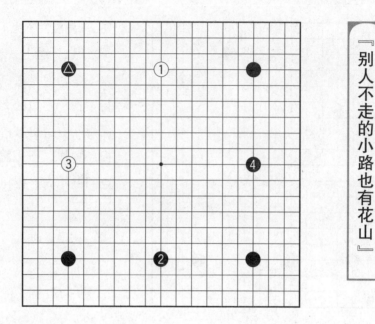

图8

『别人不走的小路也有花山』

作为示意图，我们按照图8的样子进行。

白1下在上边，黑棋就下在离白棋最远的下边。然后白3，白棋占据了上边和左边，黑4，黑棋也成功地占据了下边和右边。黑棋大致联络在一起，构成了大模样。

这里有一个要领就是，白3如果下在黑4位置，黑棋就占据白3位置。

我们需要去思考各种各样的模式，其要点就是：

• **注意棋子之间大致的联络。**

• **不要过分担心对方的棋子。**

• **不要过分担心自己的棋子（黑△）。**

这一段的小标题是我喜欢的一句川柳（也可能是俳句），本来是一句投资的格言，说的是股票市场上的心得，意思是不要随大流，要另辟蹊径，去寻找自己的路，一定也有山花烂漫在——我觉得，这句话也特别适合用在围棋上。

不要总是跟在别人后面，让我们去发现谁都没有踏足过的花山吧。

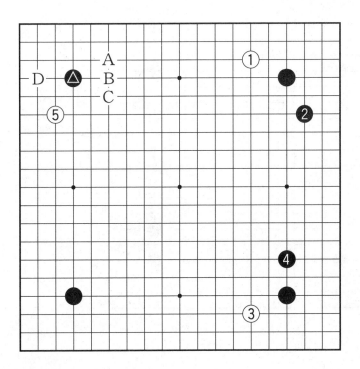

问题图

我经常会被问到的一个问题是："如何对付挂角才好呢？"

基本上我会这样回答："按照自己的心情怎么应都行。"这个回答过于敷衍，也许有必要对此进行更加详细的说明。

对于白5的挂角，从黑▲的立场出发，在A～D中选择哪一个？

当然还有其他多种选择，比如夹或者脱先等。"这才是正解"的说法是不存在的，根据各自的思考方法和心情去下就是了。

不过，也不是随便下，而是要让手中的棋子有自己的想法，这是提高棋力所不可欠缺的。

这样，根据之后的进程和结果，可以思考当初的判断是否合理，下次就可以做出更加出色的选择了。

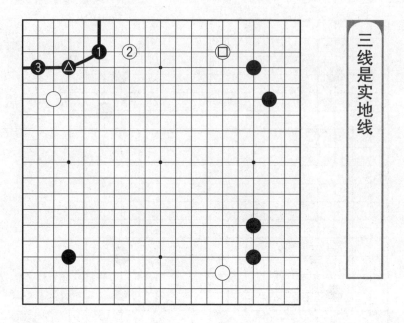

三线是实地线

图1

三线，其下面是二线和一线，由于对方进来的可能性很小，所以从三线到边线很容易成为实地，因此三线被称为**"实地线"**。

黑1的小飞，应在三线，配合星位的黑▲，是有安定感的结构。

如果白2逼拆过来，黑3跳，很安心地确保了角上的实地。值得注意的是，黑▲、黑1、黑3这三手棋，效率极高地守住了角上。

特别是在此局面下，由于右上已经有白⬚守候在那里，所以可以说这是**坚实的选择**。

构成实地的要领是，事先想象到棋子和棋子、棋子和棋盘的底边（边线）之间的连线，其间的间隙在二路以内（我把这条线称作"假定线"，在后面的第165页我会详细论述）。这样一来，敌人就很难再打进来，成为实地也就比较容易了。

左上角的黑1、黑▲、黑3用一条线连接在一起，从黑1延伸到上边的边线，从黑3延伸到左边的边线，可以很清楚地看出，其间少有间隙，很容易成为实地，是理想的结构。

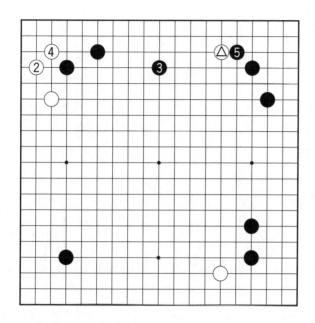

图2

图2（即便角上被占，还有边上）

构成实地之际，一个重要的思考方法就是，不要拘泥于一个方向。当白2侵入角上时，要有黑3向边上去发展的思考。

黑5对白△的攻击值得期待。

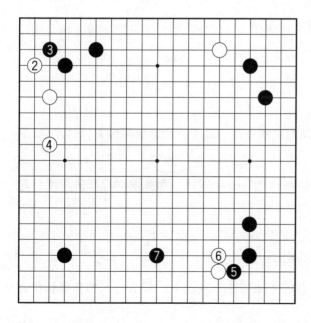

图3

图3（三三是根据地的要点）

对于白2，黑3在三三应，也是漂亮的一手，因为这是**根据地（不被攻击的实地）**的要点。

这个场合下，白4拆一手，由于在左上双方已经有了不少的棋子，黑棋就可以转向黑5等好点了。

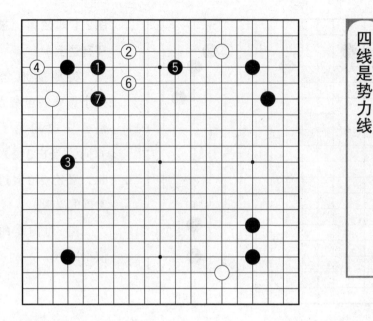

四线是势力线

图4

图4（在高处布阵）

　　黑1应在四线。四线不像三线那样，可以味道很好地获取实地，而是从高处向外（宽广的地方、中央）发展，被称为**"势力线"**。

　　白2和白4之后得到了角上的实地，虽然很大，但是不用介意，黑3和黑5可以先行发起对白棋的攻击。

　　对于白6，黑7跳应，**走向宽广的外面，处于有利的战斗位置，这是黑1下在四线的效果。**

　　再就是，**下在四线的高位布阵还有一个好处，那就是对模样的形成将起到极大的作用。**

　　当棋子和棋子、棋子和边线的间隙都在三路以上且分为多个阵营的时候，是不适合捞取实地的，要有向宽广的外面发展的意识。

　　反过来说，**如果对方阵营的间隙都在三线以上，那么打入的空间和机会就会有很多。**

　　这一点，对于不敢打入对方阵营的人来说，是很好的判断依据。

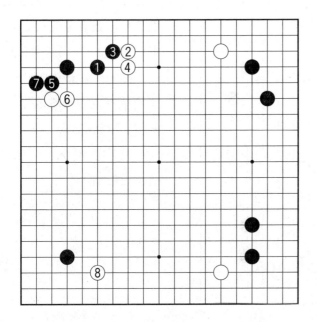

图5

图5（下在四线却去守护实地则是变调）

黑1明明是下在四线，黑3到黑7却去守护角上的实地，这是没有利用到黑1的长处。和图1相比，角上的防守花费了5手棋，不仅是损棋，还让外侧的白棋得到了加强。

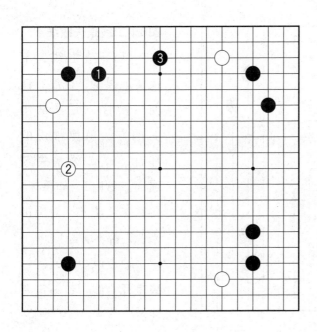

图6

图6（从四线开始容易发展模样）

白2下在左边的时候，黑3则在上边的三线扩展模样，四线的黑1的作用得到发挥，是非常好的均衡结构。从四线开始扩展模样，一旦成为实地效率就会很高。

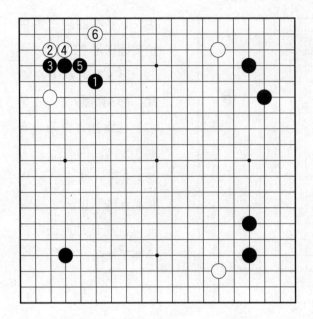

图7

图7（马上下在五线，形状松懈）

黑1下在五线，由于位置过高，很难取得实地，形状松懈。

被白2侵入三三后，黑棋整体不安定。

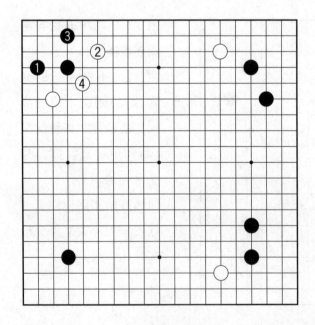

图8

图8（二线是失败线）

黑1下在二线，不仅实地很少，也没有任何发展性，是非常小的地方，就像常说的那样，"**二线是失败线**"。对白2，如果黑3再在二线防守，对黑棋来说，苦不堪言。

顺带说一句，"**一线是死亡线**"，一定要注意！

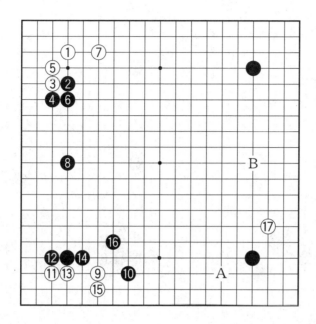

问题图

这是3子局的布局。

和4子局不同，3子局的时候就出现了一个空角，自然就会被白棋占据。

对此，不仅要学会星位定式，推荐大家最好也学会一些小目的简单定式。

从黑2的一间高挂开始，为了取得角部白3托一个，黑4扳后白5退，下出**"托退定式"**——我最推荐这个定式——到黑8拆为止告一段落。

白9挂，转向左下角，到黑16的封锁为止，是常见的一个星位定式，黑棋得到厚势和白棋得到根据地。其中，黑12的挡下，配合、活用了左上的定式，方向正确。

得到先手的白棋，白17挂角，下一手黑棋的方向在哪里呢？是在A位守角还是在B位夹击？

当然，这个局面还有其他的多种下法，但是我们这里就简单地二选一吧。

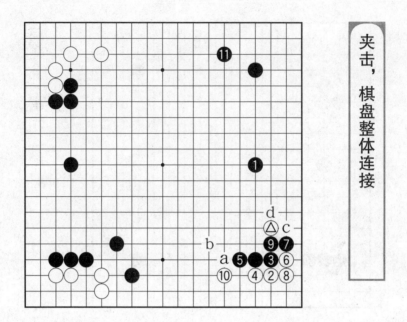

图1

夹击，棋盘整体连接

　　黑1的夹击，在发展性很大的右边行棋，是非常值得期待的下法。

　　白2点三三，可以预想到白10 为止的下法，虽然白棋取得角上的实地并在下边出头，但是黑棋从右边到右上角构成的大模样，配合左边的阵营，黑棋规模雄大，进展顺利。

　　黑棋如果要更进一步扩展左右的模样，黑11挂角之后，黑a或黑b，将右下和左下的黑棋阵营联络在一起，不失为一种有力的构想。

　　不过，基本上来说，当白棋的白10不再和黑棋接触的时候，定式告一段落，可以转向其他地方的时机已经到来，希望大家能够记住这一点。

　　担心白△出动的话，黑9的粘可改在黑c位爬，白10跳的时候，黑d位扳起补一手，这是AI推荐的最新定式。

　　对于定式以及定式之后的效果判断时刻都在发生变化，即便是专业棋手，追赶起来也是非常吃力的。

　　但是，**最重要的事情就是安心地、心情舒畅地选择自己拿手的布局和定式。**

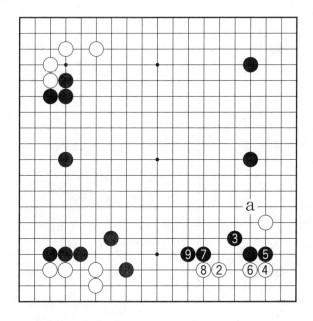

图2

图2（双飞燕的发展）

对白2双飞燕的挂角，黑3尖出，在周围白棋子力多的时候，采取了简明出头的下法。对白4，黑5进行到黑9，将白棋封住，黑棋与左边取得联络，形成大模样。

黑7如果下在a位飞压，模样狭小，不能满意。

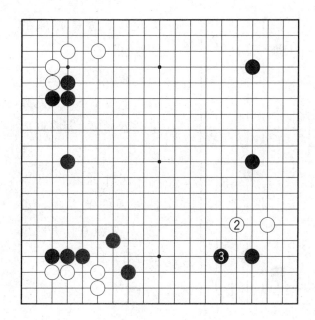

图3

图3（两边走到可以满足）

如果白2单关跳起，黑3也单关跳应。

这个变化，黑棋得到了"夹击"和"守角"两个好点，非常满足。

白棋因为没有根据地，成为不安定的弱棋。

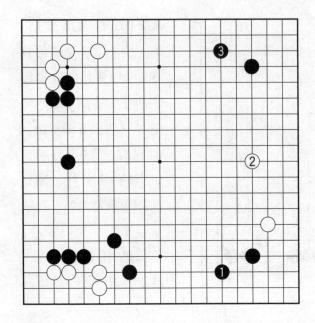

图4

图4（大场被占）

黑1小飞应，意在把下边变为实地，但是不如白2右边大场的价值大。

因为即便黑3守角，和图1相比，高下立判，相差不少。

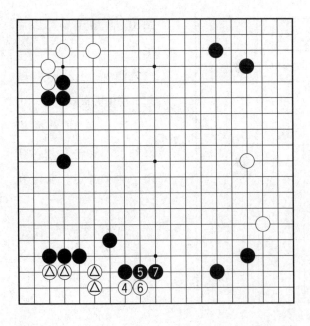

图5

图5（下边是漏风的"散地"）

现在不用马上走，因为下边左下的白△数子非常坚实，白4可以侵入。

这种漏着风可以被侵入的地方叫"虚空"，是没有什么意思的地方，称为"散地"。

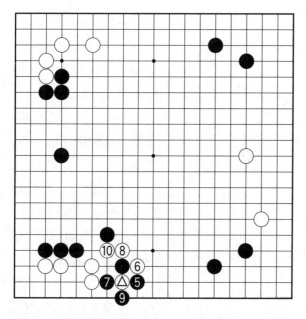

图6

图6（扭十字是手筋）

黑5扳下的话，白6的扭十字是手筋（非常漂亮的手段）。

黑7、9虽然可以吃掉白△一子，但是被白8到白10穿墙而出，黑棋痛苦。

一般而言，拔花30目，但是在这个场合，吃掉白△的黑棋形状处于低位，发展空间有限，而周围的白棋又都很强，所以没有30目的价值。

图7（一厢情愿）

如果黑9拔花的话，似乎是有30目的价值，不过，白8会在9位长出。

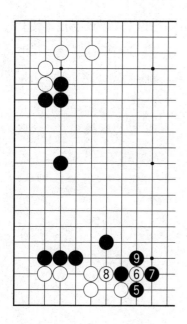

图7

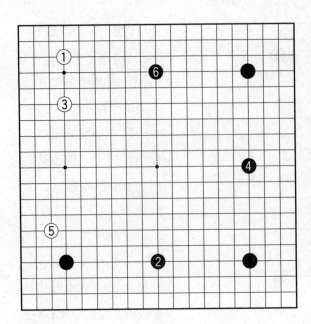

图8

图8（3子局简明布局）

3子局时希望简明布局之际，白1占空角后，黑2占下边，允许白3守角，黑4再占右边大场，这种快速的布局也很给力。

这个局面黑棋占了三个角三个边，步调很好。

其中，对于白5的挂，由于有黑2这个子在，所以黑6可以脱先，转向上边更加宽广的地方——这一点非常重要，切记。

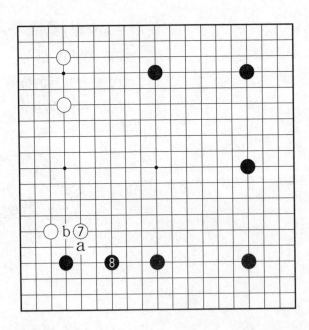

图9

图9（连下两手也不怕）

左下的继续，白7跳，黑8联络。白7如果在8位夹击，黑可在a位或b位进行战斗。

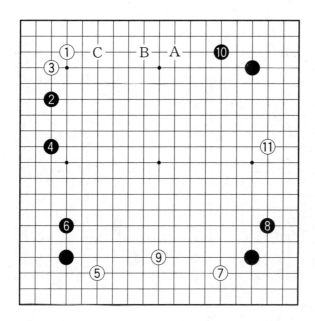

问题 4 黑先

问题图

布局还有一个重要的行棋步伐，那就是"拆"。

这是"从角到边"或者"从边到边"的下法，基本是都在同一个高度（主要是三线、四线），目的是扩展模样、阵营和实地。

扩展到多远、多高的位置合适呢？其要素是以下两点：

- **相互棋子的强弱。**
- **是否有发展性（模样和实地的可能性）。**

棋子的强弱可以有以下四种组合：

- **自己强，对方也强。**
- **自己强，对方弱。**
- **自己弱，对方强。**
- **自己弱，对方也弱。**

再加上"有发展性"和"没有发展性"，就有了八种模式。

实战中许多棋子交织在一起，强弱也随时发生着变化，作为一个大致的标准，在平常下棋的时候作为参考，你的选择就会更加张弛有度。

宽阔的上边，A～C，拆到哪里最好？

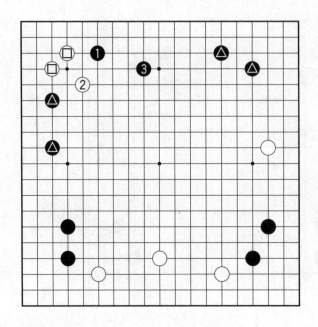

图1

上边的强弱关系是，黑▲二子形状安定，是很强的棋子。与此相比，白□的根据地由于很狭小，所以就会担心被封锁，是较弱的棋子。

这里，黑棋可以强硬地最大限度拆逼，黑1给白棋的压力最大。

同时也最大化地扩展了上边的黑模样。

白棋通常会在2位出头，黑3在四线"高大上"地补强不安定的黑1一子，并和右上黑▲二子相辅相成，阵形极好。

所谓的最大限度，基本上就是像黑1和白□这样，相互之间的距离就是空出一路，即"一间"或"小飞"。

如果再进一步逼近对方的话，比如"碰""尖点"，很可能会招致对方的反击。

当判断己方强而对方比自己弱一点时，就要最大限度地去攻击对方，借此扩展模样和实地的结构。

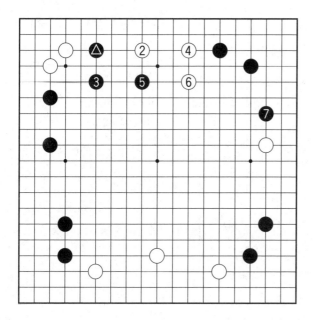

图2

图2（欢迎夹击）

如果白2夹击黑△的话，黑3率直地跳出，没有任何问题。为了加强白2这个弱子，普通进行的话，白4拆二，到黑7为止，黑棋好调。

黑3、5借助攻击白棋，使得左边的黑模样蔚然成型。

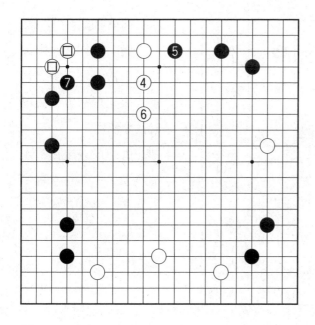

图3

图3（夺取根据地）

白4如果跳向中央，黑5则夺取白棋的根据地进行攻击。一般白6会向中央再跳一手，这时黑7联络，黑棋全盘没有弱棋，非常安心。

同时，黑7对白▣也形成压力，构成威胁。

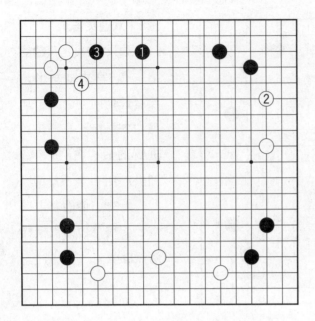

图4

图4（低窄的拆逼不满）

黑1不是紧逼，而是五间低拆，留给了白棋拆二的余地，虽然保有了稳健的平衡，但是白棋可以脱先，白2先行挂角。和图1不同，上边的黑棋都在三线，成为发展性不大的结构。

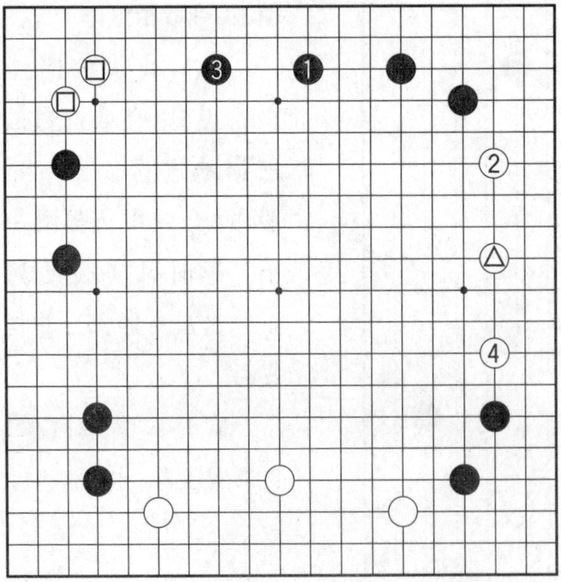

图5

图5（强棋不应过于坚实）

黑1、3二间拆，这种下法是在己方是弱棋，附近的敌方很强的时候才使用。

由于没有给白□施加压力，白△这个弱棋得到白2、4的二间拆，形状极好。

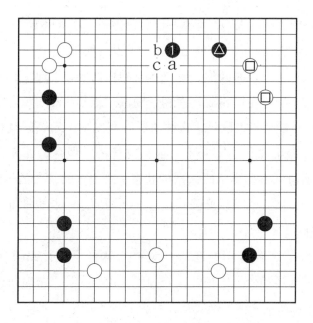

图6

如图所示，右上白□二子根据地在手，棋形坚实。而黑△一子没有根据地，是弱棋。

这时，黑棋拆二或者黑a大飞、黑b拆三、黑c斜拆三等，都是合理的下法。

拆的手法大致有以下四种：

- **大拆（对方打入后进行战斗）。**
- **小拆（坚实地联络）。**
- **高拆（以四线为主，重视势力和发展性）。**
- **低拆（以三线为主，获得根据地）。**

这个基准可以和第23页的要素组合，联系起来进行判断。

作为一般的例子：

己方弱、对方强没有发展性的地方，要拆得又低又窄（图6中的黑1）。

己方强、对方弱有发展性的地方，要拆得又宽又高（图1中的黑1、3）。

己方强、对方弱没有发展性的地方，要拆得又宽又低（图2中的黑7、图3中的黑5）。

请一定在实战中将此作为判断的基准。

棋
子
的
强
弱
是
相
对
的

既然讲到了棋的强弱，那么我们就论述一下这个重要的话题。

一定要记住这句话，那就是"棋盘上没有绝对强的棋"。

棋局进行了一段时间后，形成各自的根据地和实地，看上去好像已经没有要被吃掉的棋了，然而，随着"打劫"和"脱先"，很坚实的棋也可能变得很危险，这种情况时有发生。如果已经有了两只眼，"两眼活棋"，那是不可能被吃掉的，但是，如果在早期阶段就被逼迫到不得不两眼做活的状态，那是非常痛苦的事情。

不管什么棋，既可以变强，也可能变弱。这一点非常重要，一定要意识到。

不少人应该有这样的经验，觉得"这样下应该没有问题了吧"，结果却还是令人吃惊地被吃掉了。由于对局形势时时刻刻在发生变化，随机应变的判断要挂在心头。

还有一个重要的事情那就是，围棋是黑棋和白棋两个人的战斗。

下让子棋时，总是被高手单方面"欺负"的人，在心理上会有这样的想法，觉得"黑棋什么时候都是弱棋""白棋太强了无法去攻击""怎么可能打入白棋的阵营呢"。有了这种想法，在战斗开始之前就已经无法争胜了。

让我们从黑棋和白棋是平等的这个角度来思考。

有时，即便觉得己方的棋子不强，对方的棋子可能更弱，这时，己方就比对方强。

眼下看上去很强的棋子，随着周围对方棋子的不断增加增强，己方的棋子就会变成弱棋。

棋子的强弱是相对的，根据黑棋白棋之间的力量关系不断地发生着变化。

如果总是只盯着一块棋，那是很容易出现判断错误的。要学会公平且客观地俯瞰整个棋盘，养成"**大局观**"的思考方法。

或许会觉得这样做有一定的难度，其实只要上心，谁都可以做到。

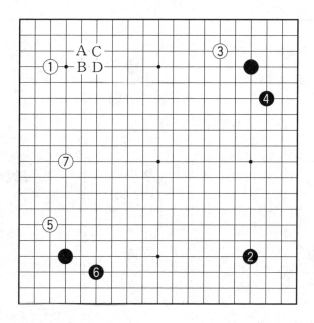

问题图

这是2子局的布局。

鉴于只让两个子，差不多和分先一样了。

和3子局总是被动地应对不同，更加积极地行棋方为上策。

这里说的积极下法的代表例子，就是"挂角"。

逼近对方的棋子，不让对方营造出实地，攻击的可能性也由此产生。

这里的挂角，主要有下面四个选择，黑A的"小飞挂"、黑B的"一间高挂"、黑C的"大飞挂"、黑D的"二间高挂"，其目的都是达成如下的效果：让自己的棋子向好的方向发展，迫使对方的棋子向着价值小的地方行棋。

挂角的距离如果超过这四点，给对方缔角的余地，那就不能称其为挂角了。

选择哪一点挂角，其判断是要根据眼下的局面和今后的发展来做出的。

这个局面下，选择哪一点呢？

如前所述，不存在"这是绝对的正解"的选择，所以不用过于紧张，放松心态去思考一下。

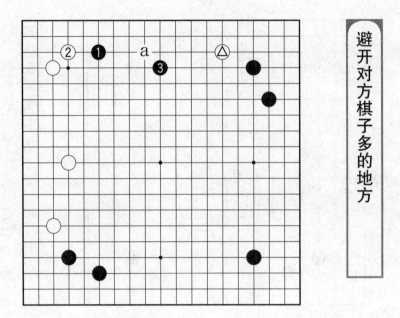

图1

整体观察这个局面，可以看出棋盘左上方的白子较多。

这就是说，从黑棋的立场出发，左上方不是自己发展的方向，所以，选择不容易被攻击的挂角就显得非常重要。

这里，推荐黑1的大飞挂。

由于距离小目的白棋稍微有点远，不容易遭到攻击。

白2坚实地守角是简明的应对，黑3或黑a位拆一手，形状安定。

随后对白△的攻击也值得期待。

黑1这手大飞挂，是在对方子力多的场合避开战斗的有力选择。

随后，由于黑3的拆和对白棋的角上进行狙击形成见合（下一手有两个好点），这样黑1被攻击的可能性就变得很小了。

离对方的棋子越远，越不容易受到攻击，这个思考方法适用在棋盘上的任何地方。

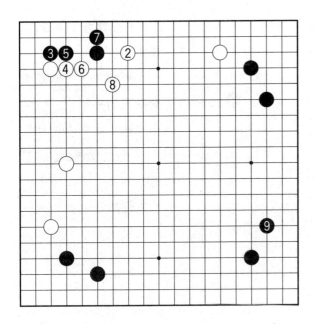

图2

图2（获得根据地）

对于白2的一间低夹，黑3托，在角上寻求根据地，进行到黑7为止形状完整，可以安心。

如白4在黑5位置扳下的话，则黑在4位断，形成战斗（第79页之后详细论述）。

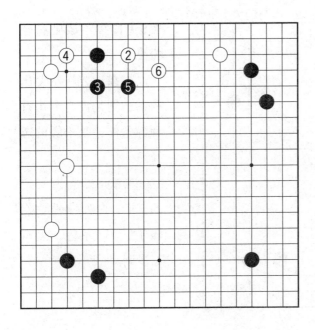

图3

图3（孤棋逃出很难受）

黑3跳出的话，则白4守角，这让失去了根据地的黑棋只有逃出一条路。

对于黑5，白6应在上边，阵营形状极好，本来是弱棋的白棋现在都得到了加强。

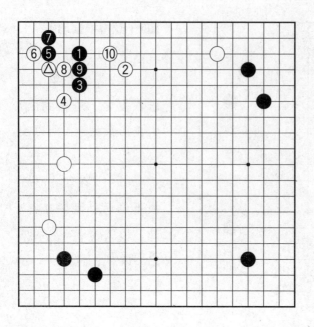

图4

图4（小飞挂是相对紧凑的一手）

黑1的小飞挂是堂堂正正的一手。三线的小飞挂，对白△施加压力，是最大限度的紧逼，然而，白2夹击开始进行战斗，由于周围的白棋子力多，黑棋多少将面临苦战的感觉。

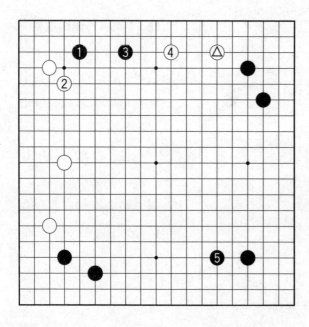

图5

图5（白棋不战则有些松缓）

如果白2向外尖出的话，则是没有利用有利的条件，是松缓的选择。

黑3拆二成为安定的棋形，白4也补强白△弱子，黑5守角，黑棋好步调。

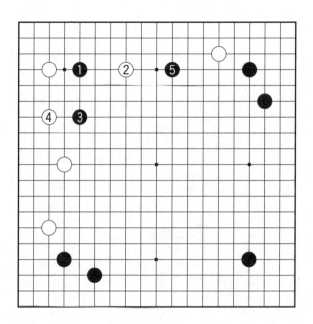

图6

图6（一间高挂重视出头）

黑1在四线的一间高挂是重视向外出头的下法。对白2的夹击，黑3尽快跳出白棋的势力圈，黑5进行反击，形成战斗的局面。

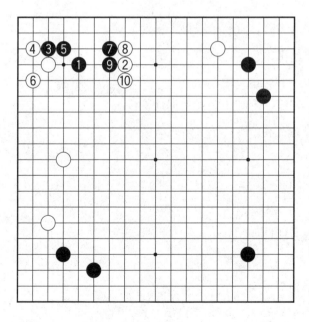

图7

图7（加强白棋是损棋）

本来黑1下在四线是重视出头的一手，面对白2的夹击，黑3却去寻求根据地，这是违背初衷的下法。

让白棋在外面得到加强是非常损的下法。

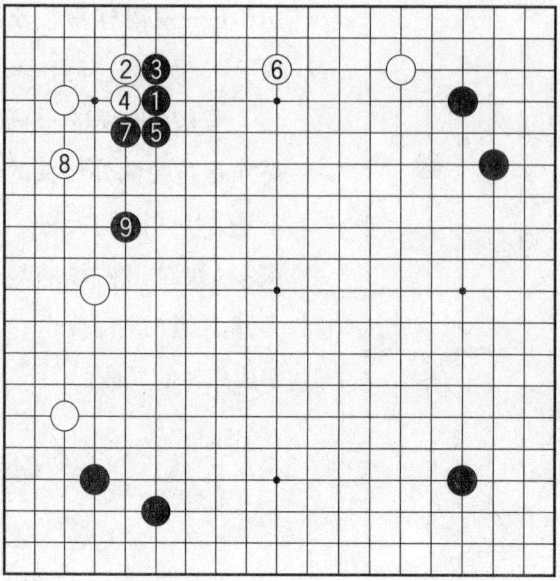

图8

图8（重视势力）

黑1的**二间高挂**，虽然对角上的白棋压力不大，但却是**重视向外面发展的一手**。

白2以下取得角上，进行到黑9为止，黑棋形状厚实，在今后的战斗中将大有可为。

按照实战出现多少的顺序，我们整理一下挂角的特征。

［小飞挂］：

· 相对紧凑的一手。

· 因为在三线，很容易侵入角部，有利于获得根据地。

· 逼近对方，有必要注意反击。

［一间高挂］：

· 虽然逼近对方，由于在四线，不利于获得根据地。

· 容易出头，对战斗和势力有利。

［大飞挂］：

· 和对方有距离，双方都相对轻松。

· 有利于边上的展开。

· 还留有一点侵入角上的可能性。

［二间高挂］：

· 和对方有距离，双方都相对轻松。

· 重视边上和中央的战斗、势力。

· 还留有一点侵入角上的可能性。

任何事物都一样，不去使用的话，就不可能了解其价值、性能、功效。

去尝试一下各种各样的挂角吧。

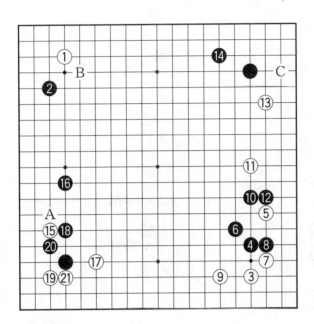

问题图

关于布局，有一句格言："空角第一，缔角（挂角、拆）第二。"

这是表明了棋盘上的优先顺序，首先空角的价值最大，要先下，四个角下完之后，其次是缔角（或者不让对方缔角而去挂角、拆）。一般而言，按照这个顺序是很好的下法。

但是，现代的布局研究和AI的出现，更加倾向于对棋盘整体平衡的重视，原来的先占空角然后缔角的下法被彻底无视了。

常识非常重要，但是如果被常识束缚，那就会妨碍思想的飞跃。

黑2积极挂角，白棋先行占据空角。黑4到12为止是定式的一型。

战斗转移到左下，白21联络之后，我们的问题来了。

现在的局面下黑棋该怎么下？

把握棋盘整体的子力结构，寻找出好点来。

飞压构筑厚势

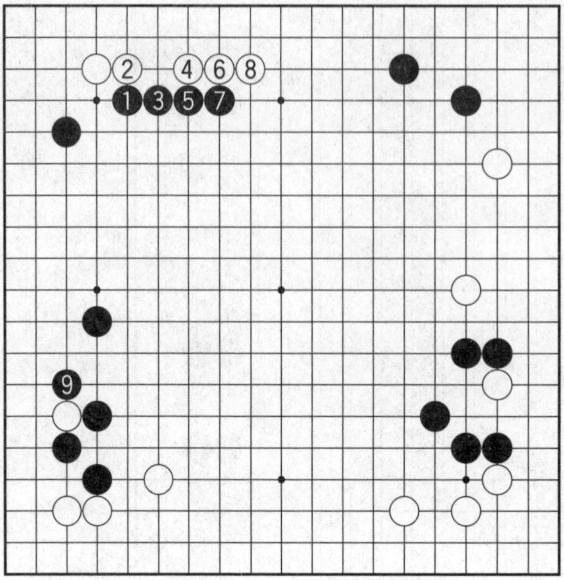

图1

　　黑1的飞叫**"飞压"，是迫使对方的棋子向价值不高的方向行棋的有力手段。**

　　其要领就是，从己方宽广的地方将对方棋子压制在狭小的空间。

　　白2紧挨着黑棋爬一手，补强自己，这时，黑3的长非常重要，形状极好。

　　如果黑3下在别处，被白棋在3位扳起，特意下出的黑1一子就变成了弱棋。

　　白4跳出，与黑棋有了距离，本来告一段落也不错，然而这个局面下，左边的大模样值得期待，所以黑5到黑7，**进一步加强厚势，将边上的模样发展到中央。**

　　到白8为止，双方都得到加强，这一局部的价值变小，黑9就可以转身它投了。

　　左上的构图，黑1、3、5、7，白2、4、6、8，各自增加了四个子，相对白棋在三线围出了10目左右的实地，黑棋的厚势使得左边的大模样呈现立体化，其价值数倍于白棋。

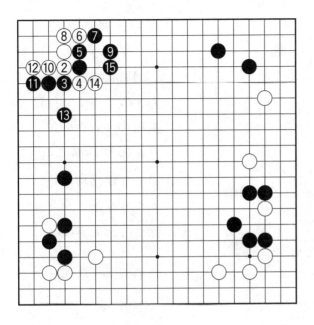

图2

图2（不惧战斗）

黑棋飞压时，白2冲，白4断（这一组合叫"冲断"）。或许有人担心这种手段，其实，周围都是黑棋，战斗起来没有担心的理由。战斗进行到黑15，黑棋好步调。

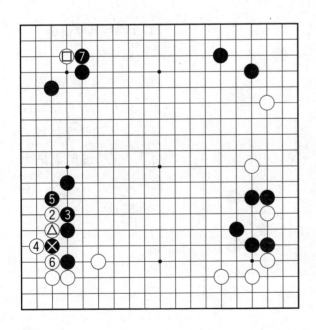

图3

图3（连下两手、战果显著）

白2开始出动白△一子，黑棋无法吃住白棋。但是，进行到白6为止，即便白棋取得了联络，黑棋得到先手，黑7再走一手挡下控制住白□，效果十分好（被打吃的黑⊗一子已经很小了）。

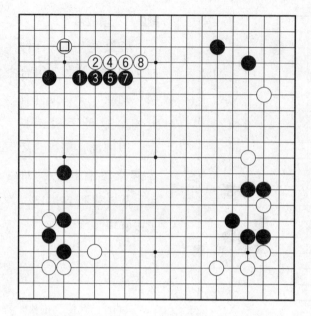

图4

图4（一间跳松缓）

作为参考，黑1的一间跳，联络上固然坚实，但是由于和白□有距离，没有产生压力，是松缓的一手。白2飞应，在四线构成好形，到白8为止，和图1相比，白棋非常丰满。

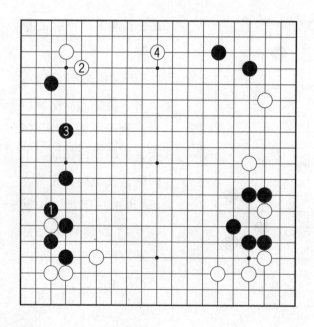

图5

图5（单纯防守很小）

黑1制住白棋一子，对左下角的局部来说是很大的一手，不过，仅仅是单纯的防守且落了后手。白2占据了**更大的绝好点**。

黑3后，白4在上边构成好形。

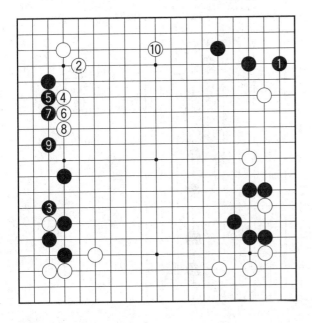

图6

图6（坚实的棋形不急于防守）

黑1在角上防守是很小的一手，因为还有更大的地方。更重要的是，黑棋本身很坚实，没有必要急于防守。白2后反过来飞压黑棋，进行到白10为止，白棋的模样反而越来越大了。

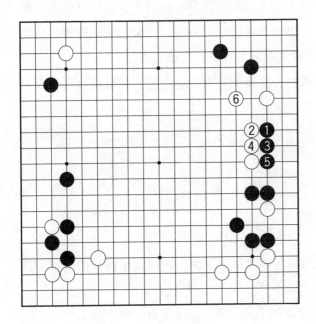

图7

图7（抢先攻击也有力）

如果在右边行棋的话，黑1的打入非常有力。

夺取了白棋的根据地，寻机进行攻击。

不过，这个局面下，伴随着向着发展中央的白棋的增加，左边的黑棋模样颜色顿失。

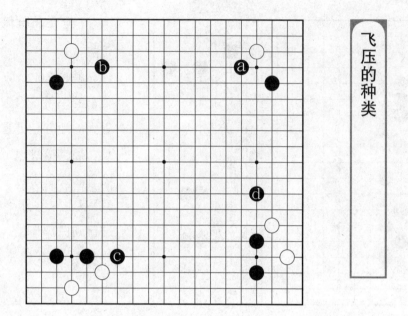

图8

飞压的目的就是让对方棋子的出路变得狭窄，行动不自由。好比渔夫撒网打鱼，巧妙地撒出渔网，水里的鱼被罩住，不能自由游动而被捕捞。从高处飞压，将对方逼迫压制在低处进而将其封锁，大功告成。

为此，非常重要的一点就是，要抢在对方行动之前，先行控制住对方希望出头的方向。

以下四种方法都很有力：

• a的"小飞压"。

• b的"大飞压"。

• c的"一间罩压"。

• d的"二间罩压"。

如果在此之上更大距离和范围地飞压、罩压，渔网就很容易被撕破，鱼儿就可以轻松地逃脱出去了。

另外，b、c、d的飞压、飞罩的手段，虽然多少留有一些间隙，但是，当觉得自己的子力很强，对于今后的战斗有自信的时候，使用起来就会产生很好的效果。

专栏　内心享受围棋的快乐

我开始学围棋是在小学三年级的时候，爷爷在乡下（奄美大岛）开设了一个棋会所，那是当地唯一的一家儿童围棋教室。

爷爷自己并不直接教授孩子和孙子下棋，而是每天都和下棋的棋友泡在一起，同样的布局，同样的乱战，不知疲倦地重复，一副快乐享受的模样（很可能爷爷就是为了每天能够下棋才开设了这个棋会所）。

从来都是乱战，平稳地收官后整地数目的场面压根儿就不曾出现过。

吃了对方的几个子，还不满足，还要吃更多的，于是总是上演不是百目胜就是百目败的大乱战的一幕。

赢也好输也好，爷爷享受围棋的身影，至今铭刻在我的脑海里。

爸爸虽然也会下围棋，但是和爷爷不一样，并不怎么喜欢实战对局，而是耽于阅读棋书和看电视里的围棋比赛。

作为孩子的我来说，爷爷和爸爸享受围棋不同的方法，让我感受到，原来围棋所带来的快乐是有很多种的。

手里面拿着这本书的读者们，我希望你们能够像我爷爷和爸爸一样，从围棋中得到快乐。

教室的学生以及跟我下指导棋的爱好者，有时候会这样说："赢了当然非常开心快乐，输了就觉得好没劲""怎么也不长棋，我觉得我不适合下围棋。"

每当听到这样的话，我就感到非常孤寂。

围棋是两个人的游戏，总有一方要输棋，这是不能改变的。而总觉得自己没有长棋，可能就是你本人这样想，在周围棋友的眼里，说你长棋了的事情不是时有发生吗？

围棋里，局面的展开总是崭新的，总有很多新的发现，总有很多新的感动，就像电影和小说一样。

不用过于在意结果，也不要钻牛角尖儿，开心快乐、认真努力地去下，享受学习本身带来的快乐。

这样，"爱好生巧匠"，自然就会成长。

在那个乡下围棋教室里学棋的我，最后成长为职业棋手，那是因为在这期间有几个偶然的因素叠加在一起造成的。

第一个就是，乡下围棋教室的老师也是我所在的小学校的老师。

老师总是尽快把手头的工作做完，午休的时候一局，放学后好几局，每天都在学校的值班宿舍里下，如果下到很晚，老师就开车送我回家。

当时的值班宿舍里地上铺的是地板，也没有坐垫蒲团，我就纹丝不动地正坐在地板上跟老师下棋，踝骨上都磨出了茧子。

这样的日子大约持续了三年，六年级暑假的时候，想试试自己的水平到底如何，就报名参加了日本棋院主办的围棋讲习会，期间还和职业棋手白江治彦老师下过。说到我的情况，白江老师为我指出了一条从来没有想过的职业道路："是不是可以考虑到日本棋院当院生（培养职业棋手的机构）？"被白江老师这么一说，乡下不知深浅的小家伙居然动了心思。

不顾妈妈的反对，依仗着爷爷和爸爸的坚决支持，六年级第二学期的时候，为了当院生，我一个人来到了日本东京。

要想成为院生，就需要有一个推荐你的师匠，而我这个临时起意没有任何事先准备的乡下孩子，又能到哪里去找师匠呢？

找不到师匠，没辙的我只好到我叔叔的一个好朋友家去借宿——他能够收留我住下，真是感谢不尽，因为他跟我毫无关系，却对我格外关照。

在前往他家的时候，到站下车，看到了棋会所的看板。

我情不自禁走了进去，结实强壮的棋会所主人问我道："下一盘吗？"

棋会所主人的棋力很强，让我四个子，还是被杀得稀里哗啦，这让乡下棋力培养出的我受到极大的冲击。

在和棋会所主人聊到今后打算怎么办的时候，他对我说道："正好附近住着一位著名棋手，我也认识，给你介绍一下吧。"

这就是我和大窪一玄先生相遇的契机。

第 2 章

战斗的思考方法

围棋大致分为"布局""中盘""收官"三个阶段，布局就是打造基础，中盘就是棋子之间相互碰撞的战斗，收官则是战斗结束后将形成的实地确定下来的操作。

这一章虽然讲述的是有关中盘战斗的内容，但是布局阶段和收官阶段也存在发生战斗的要素。

为什么这么说呢？那是因为相互的子力碰撞在一起，就会出现不安定的棋子，是吃掉还是被吃掉的攻防战在什么场面下都有可能发生。

相互的子力如果是分开的场合，彼此的棋子都不会被吃掉，所以也就形成不了战斗。

综上所述，我们总结一下战斗的要点：

• 相互的子力的距离（越近战斗越激烈）。

• 相互的子力的强弱（弱棋很重要）。

• 告一段落（战斗结束）。

这就和人与人之间一样，分开的时候大家和平相处，越接近越容易打架（战斗）。

图1中的黑■和白□之间，因为隔着二路，所以没有特别的紧张感，关系轻松。

但是，黑▲和白△的形状，虽然还有点距离，却是非常接近了。

而黑✕和白✕则是紧紧地贴在一起，战斗处于一触即发的状态，要格外注意。

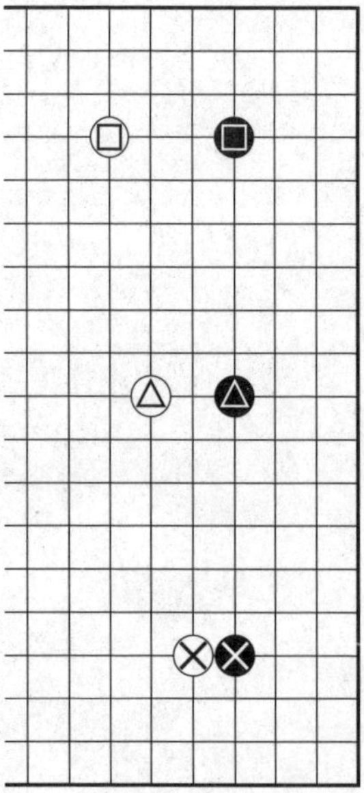

图1

棋子在离开一路以上的间隔进行战斗，或许比大家所想的要多得多。

进行战斗时，可以攻击，也可以防守，甚至脱先它投先去占据其他好点也可以。

在战斗的场合下，重要的是棋子的强弱。

围棋和别的游戏不一样，强弱、活力、价值不是一开始就决定的。

每一个棋子都是在平等的状态下开始的（这是围棋的极其出色的地方）。

然而，**伴随着棋子的增加，局面发生变化，各自的棋子会变得有强有弱，就会产生出非常重要的棋子（棋筋）和没有什么意思的棋子（残子）。**

没有这种对棋子的认识，就无法进行量化的判断和计算。

对局者只能根据从棋盘上获取的情报进行判断。

尽管判断是因人而异的，我还是提出一个大体上的判断基准。

棋子分开时强弱的判断基准：

• 棋子的数量（多的一方强，少的一方弱）。

• 根据地的有无（有实地的一方强）。

• 出头的余地（出头在外的棋子强）。

"棋子数量"就是指在战斗范围之内棋子多的一方强（这种场合多），**图2**就是白棋三个子对黑棋一个子。

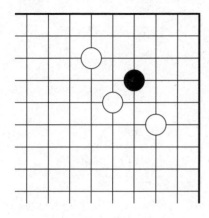

图2

这就是说，白棋是强势的一方。

和打架一样，"寡不敌众"，同伙多的一方有利，少的一方要想打赢是很困难的。

习惯了的话一眼就可以明白，在此之前不用慌，认真数一下棋子就可以了。

"根据地"，是与棋子的强弱有关的实地（对方进不来的地方），有了根据地，对方就无法攻击，所以这些棋子就很强。

反过来，不安定的没有根据地的棋子就很弱。

棋力高强的人在早期阶段，常常会在狭窄的场所和很低的场所行棋，其目的就是和根据地有关，由此可见其重要性。

图2中的黑一子对白三子，处于弱势，形状困苦，如**图3中**的黑1进行到13，面对强大的对方，避开直接接触，尽量在离开对方的地方行棋，增加己方的子力，从而得到根据地，这样就可以从弱棋变得很强。要点就是：**不要靠近强力的对方。**

以卵击石的自我毁灭是非常可惜的事情。

"出头的余地"是指没有被对方封锁，有向外出逃不被抓住的可能，即便没有根据地，一旦跑出来也不会被吃掉。

图2中的黑一子就是因为被白棋封锁包围，没有了出头的余地，才造成不得不辛苦做活的局面。如果在白棋封锁之前就向广阔的中央出头的话，就会非常轻松了。

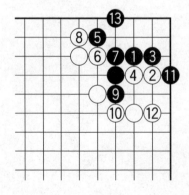

图3

棋子接触时的强弱判断基准：

• 棋子的数量（多的一方强，少的一方弱）。

• 棋子的联络（纵横线上棋子的联络）。

• 气（棋子周围的线的数量）。

围棋的规则里有这样的规定，"纵横线的旁边连接在一起的己方棋子成为同伙"和"如果没有线（气）的棋子将被从棋盘上拿掉"。

相互的棋子接触在一起时，很容易形成不是吃掉对方就是被对方吃掉的局面，上述两个规则就与棋子的强弱有着密切的联系。

棋子的数量是和棋子分开时强弱的判断基准一样的。

棋子的联络非常重要，与棋子分开时的大致联络不同，**能不能判断出棋子之间是否坚实地联络在一起，这是和左右棋子命运的战斗直接联系在一起的。**

"哪里的棋子已经联络了""哪里的棋子还没有联络""哪里的棋子已经被切断"——这些都要认真去判断。

"气"是棋子的寿命。气越多，越不容易被吃掉，气少的棋子就成为危险的弱棋，就像有句话所说的那样：**"气紧命紧。"**

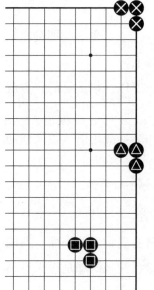

图4，各自的黑三子，虽然都是联络在一起的，黑⊗是三口气，黑▲是五口气，黑■是七口气，根据场所和状况的不同，棋子的强弱、气的长短也随之改变。

图4

相互的棋子接近时，就会有**不安定的弱棋出现，发生战斗也就不可避免**，但是，总会有一个最后的**结果**，不可能出现没完没了永远打下去的情况。

相互的棋子由弱变强安定下来之后，谁也吃不了谁的情况时有发生。

不论哪一方，在看到结果的时候，这场战斗就会暂时结束。

这就是说，暂时告**一段落**，棋盘上的战斗并不是仅仅限于这个部分。

19路盘上有着361个世界。

一个地方的战斗结束后，在另外一个地方开辟新的战场，开始新的战斗——这是非常重要的一点。

布局阶段，棋子方向的重要性已经论述过了，那就是要向着宽广的地方发展，而一旦战斗起来，战场空间就会随着棋子的不断增加而变得越来越狭小。

在战斗已经结束，有了一个结果之后，还在这里行棋的话，所得甚微，所以要学会思维切换，尽早判断出这里已经告一段落，转身将目光投向其他的战场。

现代围棋受到AI极大的影响，其中一个就是对棋盘全局的思考有了新的认识。

围棋是手数非常多的游戏，19路盘平均要下200手左右，更多的那种吃来吃去的棋，手数会超过盘面的目数，能够多达400手以上。

我们是在广阔的棋盘上花费很多手数进行战斗，所以，很重要的一点就是，不要拘泥于狭小的地方。

这就叫"**大局观**"，虽然是围棋术语，但现在作为一般用语也被广泛使用。

围棋自古以来就被各个阶层的人们所喜爱。

战国时期的武将、政治家、财界大佬、作家、学者，不胜枚举。

喜爱的理由多种多样，我觉得，围棋里面，常常会遇到新的局面、新的课题，当我们用自由自在的想象力去破解难题时，最后迎来的却是出人意料的结果……这些，恐怕就是围棋的魅力之所在吧。

希望大家在下棋的时候，在享受战斗乐趣的同时，把握住大局观。

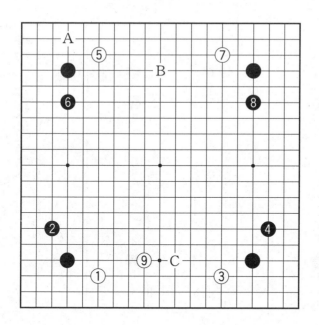

问题图

面对各个角上的挂，黑棋都应，交换之后是白棋在下边大飞形成的局面。

4子局，由于四个角事先都被黑棋占据，状态安定，而白棋不安定的棋子很多，是黑棋进行战斗的有利状态。

要想更加有利地进行战斗，最好就是在白棋子数尚少的序盘阶段就开始。

这一点，我们比较一下黑白双方棋子的比率后就会明白。

相互各下4手棋之后，白棋是4个子，而黑棋则是8个子（下出来的4个子和事先摆上去的被让的4个子），这样，4比8，黑棋是白棋的2倍。

相互各下8手棋之后，白棋8个子，黑棋12个子，黑棋是白棋的1.5倍。

各下40手棋之后，黑棋44个子对白棋40个子，黑棋就只有白棋的1.1倍了。

也就是说，到了长期战的时候，随着白棋的不断增加，一开始的被让子的效果就容易越来越小。

不要因为是让子棋，就有"黑棋怎么能够去攻击白棋，那不是找死"的想法，而是要堂堂正正地去战斗。

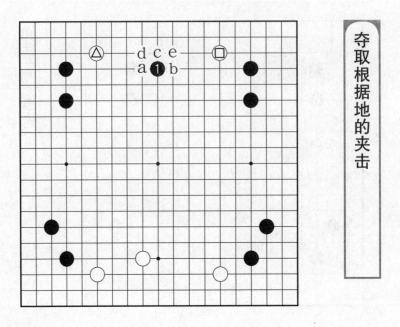

夺取根据地的夹击

图1

　　这个局面，上边只有白棋的白△和白▢二子，子数最少，黑1打入，挑起战斗。对于左边是白△和右边是白▢，都有黑棋的一间跳，所以黑1的夹击是让白棋很难轻轻松松就得到根据地的攻击。

　　这里的夹击有多种，黑1，或者a～e，可以说都是取得平衡的好点。

　　黑1，正如看到的那样，在白△和白▢的中间，对两边都进行攻击。同时，占据在四线，也有着向中央竞相出头的意识。

　　黑a，偏近左边，攻击的对象是白△一子，而白▢一子就相对轻松。黑b，则是对白▢一子进行攻击，白△一子就相对轻松。

　　黑c，占据三线，是夺取对方根据地的攻击方法。另外，因为占据在白△和白▢联络的线上，起到了分断的作用。

　　黑d，攻击白△，黑e，攻击白▢。没有哪个夹击是正解，要根据自己的构想区别使用。

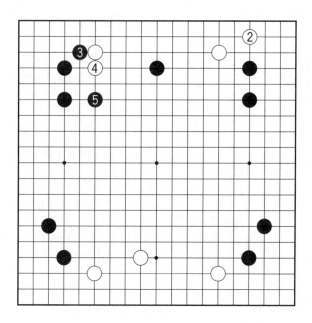

图2

图2（攻击对方没有下的一边）

白2的话，战斗的要领就是攻击对方没有下的、棋子少的一边。

黑3尖顶，夺取角上的根据地，是极其严厉的后续攻击手段。

白4长出，黑5镇头攻击。

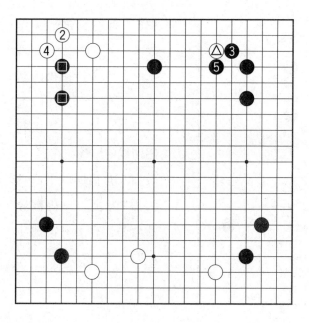

图3

图3（连下两手，十分满足）

当白2飞角时，黑3脱先是要领。

白4的话，黑5连下两手，制住白△一子，黑棋十分满足。

即便白2、4连下了两手，但是由于黑▣两子不仅和白棋是分开的状态，而且还向外出头，没有担心的必要。

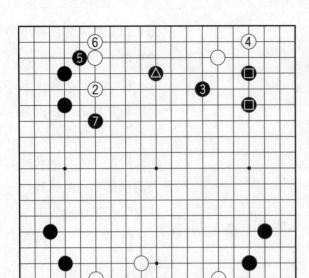

图4

图4（大致联络）

对于白2的出头，推荐黑3应，黑△和黑■之间大致上得到联络。没有弱棋时战斗起来十分轻松。对白4的飞角，黑5尖顶之后黑7飞镇，在对方没有下的一边行棋，夺取根据地，是非常严厉的攻击。

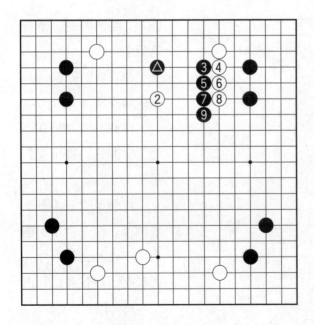

图5

图5（针对反击出头作战）

上手（持白棋的高手）可能会下出白2进行反击。这时，黑棋利用四线的黑△，在黑3一带出头是简明的下法。到黑9为止，白棋被分断，是黑棋有利的战斗局面。

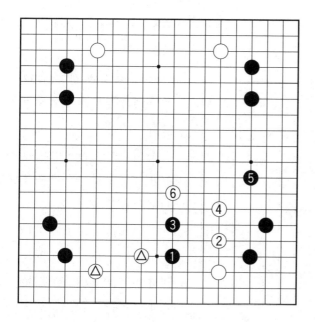

图6

图6（白棋子多，黑棋苦战）

黑1打入下边，和上边不同，下边白棋有三子之多，黑棋战斗起来有些累。由于白△已经安定，所以白2、4、6先行动手。

另外，白6之后，黑棋的出路也被阻挡。

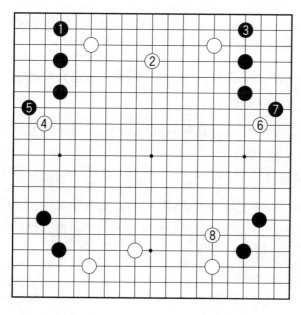

图7

图7（允许白棋防守是缓手）

担心角上的根据地，黑1守角，白2防守，白棋棋形变强，黑棋行棋松缓。

一旦角上有了防守的心情应了一手，就很容易一直被动地应下去，到白8为止，白棋各处得利。

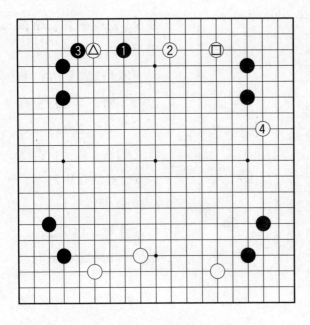

图8

图8（只攻击一个地方，问题严重）

图1中，可能会有读者感到奇怪，为什么出现没有一间低夹的下法呢？真不错，有这种疑问的读者非常有主见——现在我们来看看黑1的夹击。

一间低夹，虽然夺取了根据地，是对出头的空间并不宽阔的白△严厉的一手，不过，我们可以看到，和另外一侧的白□之间的距离也拉大，给予了白2轻松拆一手的余地。

同时，黑3开始攻击，即便可以吃掉白△，由于一间低夹的位置过于狭窄，有点"吃了也不大"的意味。

既然特意吃棋，就要尽量大吃，大范围夹击，**连子带空一起得到才是最愉快的事情**（当然，并不仅仅限于吃掉对方的棋子）。

另外，因为白□和白2得到了安定，白4在右上角成为白三子对黑两子，黑棋不得不在白棋子多的地方开始战斗。

在什么地方进行夹击，虽然是一个永恒的话题，不过，在对方弱棋多的地方开始战斗肯定会轻松、容易。"想攻击这块棋""一定要吃了它"，这种心情一旦变得很强烈，你的视野就容易变得狭隘。让你的目光照耀到棋盘上的每个角落，去捕捉攻击的时机吧。

"追二兔者多得"，这话不错。

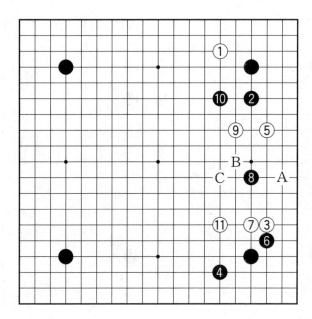

問題
8
黑
先

问题图

黑8的夹击虽然严厉，但是周围的白棋不断增加，多少令人担心。

加强弱棋的时候，最重要的是：

• **有根据地。**

• **向没有敌方的外面出头。**

• **攻击对方（吃棋）。**

有了根据地就可能安心，然而右边的空间狭小，要得到根据地实属不易。

出头的时候最重要的有三点：

• **注意联络（不要被切断）。**

• **向着敞开的方向出头。**

• **向下一手前进线路多的方向行棋。**

弱棋要想变强，另一个方法就是利用各种手段进行反击。

或许你会觉得，"这简直是岂有此理"，然而，弱棋未必到什么时候都是弱棋。

不要总是一味地认为"黑棋很弱，白棋特强"，公平地看待棋子的强弱，大胆地去战斗。

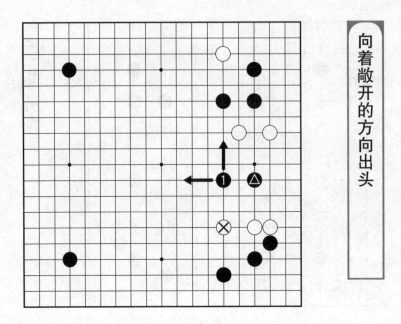

向着敞开的方向出头

图1

　　黑1，从黑△的立场看是一间跳（也叫单关），是取得平衡出头的一手。

　　围棋的棋子，一旦下在棋盘上，就不能再移动。要想让不能移动的棋子出头，那就需要增加新的棋子，在保持联络的同时奔向新天地。

　　黑1前进的道路上，如箭头所示，天元方向和右边白二子的方向有两个地方是空着的。白三子的方向有白⊗等候在那里，无法前行。

　　这就是说，前进方向的道路上，有两个以上的地方是敞开的，这一点非常重要，因为不管对方下在哪里，另外一个方向也可以前进。

　　这种自己想下的好点有两个的时候，被称为"**见合**"，这是两个人下棋时极其重要的思考方法。

　　还有一点很重要，那就是黑△和黑1的一间跳，和白棋保持的距离非常充分，距离对方越远，被切断的可能性就越小，就可以从容不迫地前进了。

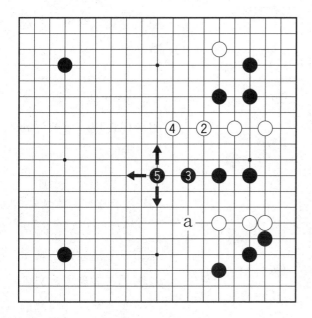

图2

图2（单关无恶手）

白2、4简单地跳向广阔的中央，黑3、5也跟着单关跳，轻松地前进。这种手法被称为"单关无恶手"。黑5这手棋，如果为了防止左边的白棋一间跳，黑a位的反击也是好点。

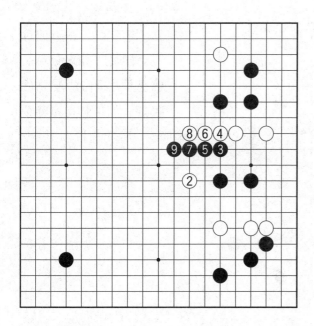

图3

图3（棋子接触时要一步一步）

白2，这是为了不让黑棋单关跳起，这时，黑棋还有黑3出头的余地。

此刻，重要的一点是，敌方的白4和己方的棋子进行了接触，黑5至9，选择坚实地联络。

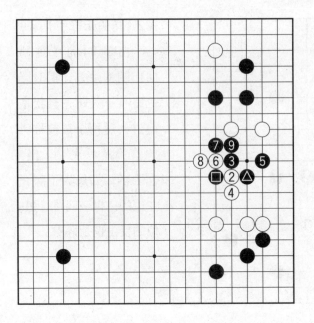

图4

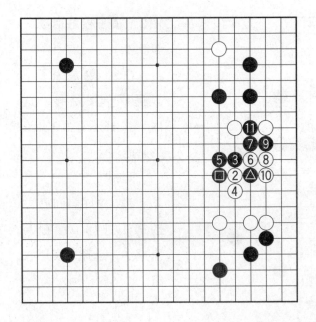

图5

图4、图5（敌方距离远时可战）

下不出一间跳的人，似乎是害怕白2挖的这种无理地分断黑△和黑▣的手段。

然而，白棋也很弱，没有必要担惊受怕。

要紧的是下面两点，一个是你认为**哪里的棋子更加重要**，另外一个就是**跟敌方弱势的一方进行战斗**。

首先，由于右下的白三子很强，所以黑3在弱的白二子的方向行棋。随后，如果觉得黑△重要，图4的变化就很好，如果觉得黑▣重要，那就选择图5的变化。

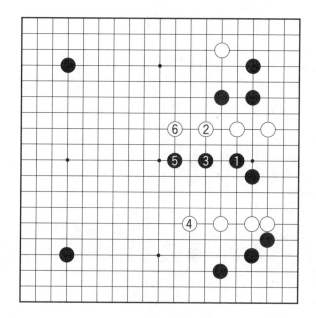

图6

图6（小尖迟缓）

　　黑2小尖一手，联络上是非常坚实的形状，但是有出头速度慢的问题。和图2相比可以一目了然，黑棋在中央的出头方面慢了一步。

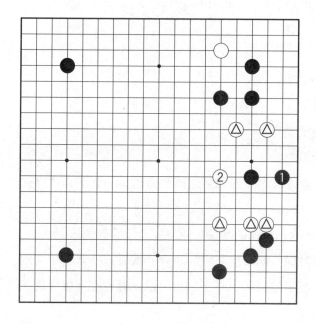

图7

图7（死胡同要注意）

　　黑1向棋盘的边端方向行棋，那是进入了死胡同。白2将出口关闭，被白△数子围住后，黑棋丧失了出头的余地（这叫"封锁"）。

　　这样一来，对白棋的反击愈发困难，黑棋呈苦战的局面。

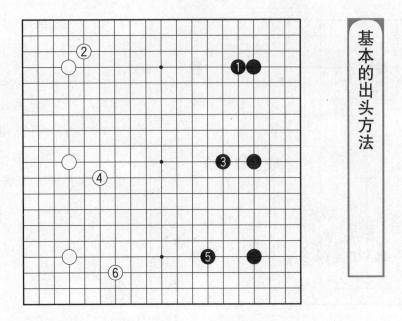

图8

棋子出头或战斗时常常出现的棋形，如图8所示，有6个样式。

黑1结实地连接在一起，**"并"**。

白2斜着走一路，**"尖"**。

黑3空一路，**"一间或单关"**。

白4斜着前进二路，**"飞"**。

黑5空出二路，**"二间或大跳"**。

白6斜着前进三路，**"大飞"**。

各有各的特征，基本上来说，棋子和同伴之间越近越容易联络，很难被切断，非常安全。

（安全系数按照1→2→3→4→5→6的顺序）

敌方的棋子来到身边的时候，如果想坚固地防守，就要选择非常结实地联络在一起的棋形，不过，坚实的棋形，对于出头来说，有着速度缓慢的欠点。

下围棋有这样一个倾向，那就是尽量不要在一个地方过于坚实，哪里宽广就争取先往哪里行棋，这一点请用心去考虑。

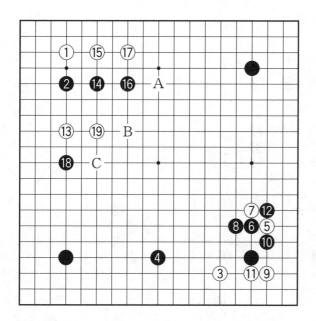

问题
9
黑先

问题图

这是一盘3子局。

右下星位出现了双飞燕的定式。

白9点三三，黑10虎下是好形，白11取得角上的根据地得到安定，黑12制住白5、7二子，形状强而有力，这个局部暂时告一段落。

白13夹，攻击黑2一子，第二回合的战斗开始了。

黑14、16连续一间跳出，充分体现黑2高挂的特性，快速出头反过来攻击白棋。

黑棋和白棋相隔一路以上，联系上不会受到威胁，不用担心。

常常有人会这样想，"没有根据地和眼的话，怎么都感觉不安全"，其实，只要逃往周围没有敌人的地方，就没有什么可怕的。放松心情，舒展棋形，大胆去下吧。

随后黑18反击，夹击白13一子。

白棋无法在边上取得根据地，只能白19单关出头。

下一手黑棋的方向在哪里？

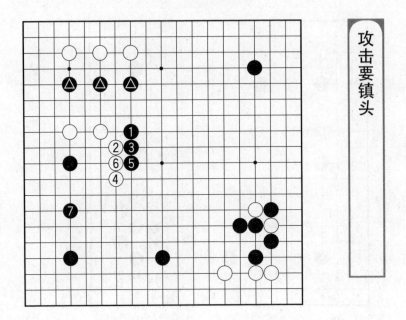

攻击要镇头

图1

黑1叫"镇"，是攻击和模样的绝好点。

走在对方希望单关跳出的地方，像帽子罩住脑袋一样，盖住对方，阻止其前行。

对方一看此路不通，于是得不变更路线。

这样一来，对方出头的速度不仅大幅度降低，还被迫走向并不愿意去的方向。

白2的尖，是坚实联络的一手，不过，出头的速度很慢。

黑3厚实地压住。

白棋稍微变强了一些，于是白4一间跳出，黑5长是好点，顺带刺了一手。白6守，黑7也守。从现在的局面，我们可以看出，占据中央的1、3、5三子位置绝佳，在补强黑▲的同时，在右边构成大模样。

围棋的一句格言就是，"攻击要镇头"。让我们拿出勇气来，下出镇住对方出头的一手。

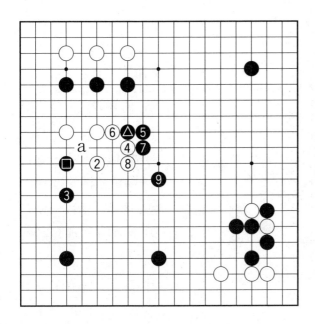

图2

图2（对方避开，己方也避开）

白2避开黑△，对黑▣施加压力，黑3坚实地一间跳。下一手瞄着黑a位的刺，白4整形是一般的分寸。

黑5至9攻击步调顺畅。

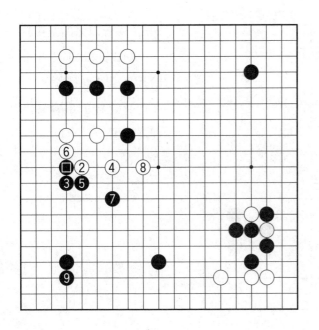

图3

图3（接触战时认真应对）

白2靠压黑▣，棋子与棋子的接触战，应对必须认真小心。黑3长后，黑5、7在补强的同时继续保持攻击的态势。现在的局面下，由于左下黑棋增多，黑9"玉柱"形成理想的大模样。

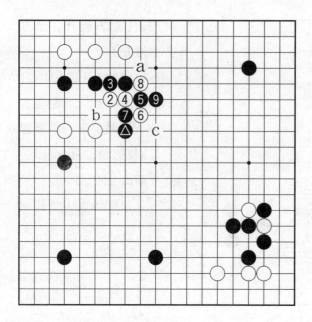

图4

图4

我问过一些人，为什么不敢下出黑△的镇，回答的理由是"担心被切断"。

然而，白2开始到白8切断黑棋的进行，相互接触的子数是黑七子对白四子，明显黑棋有利。

而且，还有下一手的黑a位的征子、黑b和黑c的枷吃，三个地方轻松愉快，毫不费力。

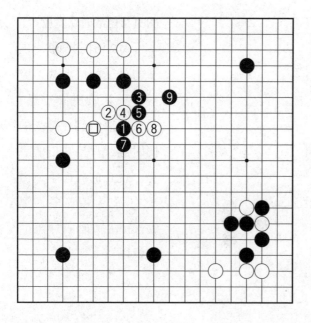

图5

图5（避开对方的坚实）

白2从白回尖一手的话，黑3也稍微离开一些，这样就不容易出现弱棋了。

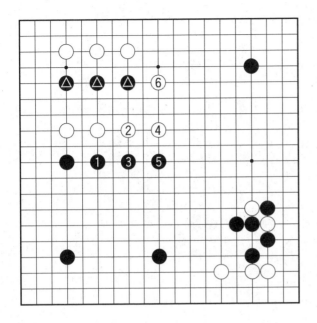

图6

图6（置弱棋于不顾）

黑1开始，3、5在左下构成大模样，这种下法固然心情愉快，不过，忽视了黑△数子变弱的情况。

反过来被白6当头一镇，黑棋陷入苦战。

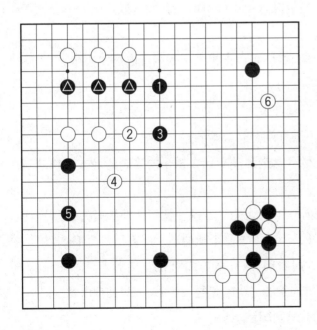

图7

图7（距离过远，对方轻松）

黑1的一间跳出头，从黑△数子的角度考虑是漂亮的一手，但是，由于距离白棋较远，白2、4很轻松地就走向了广阔的地方。

进一步，白6可以先行挂角。

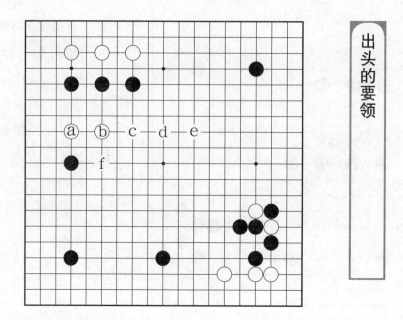

图8

出头的要领

棋盘上的线叫"路"，表示棋盘大小的时候，我们会说这是"19路盘"或"13路盘"。

"路"和"道"是同义语，我们可以把棋盘上的线看成是"道路"。

这样一来，就很容易理解棋子的出头了。我是不会开车，不过，在乘坐出租车的时候，我会想，"直着开过去距离最短，会不会快一些呢""没有什么车的道路真是爽呀""不会开到莫名其妙的路上去吧"……

棋子的出头也是一样，**尽可能走到没有什么棋子的空旷的地方，快速直行，效率最高。**

混杂的道路上只能缓慢前行，令人生厌不说，扭扭曲曲地蛇行或跌跌撞撞地磕碰，摇摇晃晃行驶迟缓，万一前方是个死胡同，那不是要命了。

图8（问题9）中的白a，向着前方白b的方向直行。接下来，c→d→e，直线前行。白b后如果向着f的方向发展，路线变更，那要有充足的理由和意识。

让我们在通畅舒适的道路上轻快地前进。

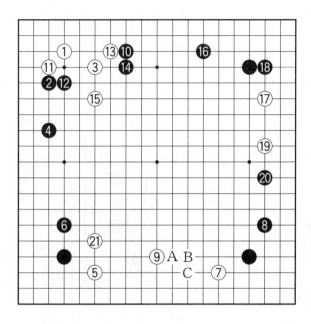

问题图

这是相互占据好点的局面。

白5、7、9，构成山形，是让子棋里经常出现的棋形。

白棋构成这个棋形后，黑棋一方会觉得，"已经进不去了""白棋成空就成空吧"——这种想法令人遗憾。

就像第14页中我们稍微提及的那样，"如果对方阵营的棋子和棋子的间隔都在三路以上，打入的机会就会有很多。"

进入对方的阵营叫"打入"，这个时候的要领是：

• 打入敌方棋子少的地方（宽广的地方）。

• 打入下一手的好点有两个以上的地方。

• 瞄着敌方的弱棋。

打入敌方的阵营后，与其总是在不知不觉中想着救助己方的棋子（得到根据地、做眼、出头等），不如尽量想办法让对方的棋子变弱，这样就会很轻松。

A ~ C，在哪里打入好呢？

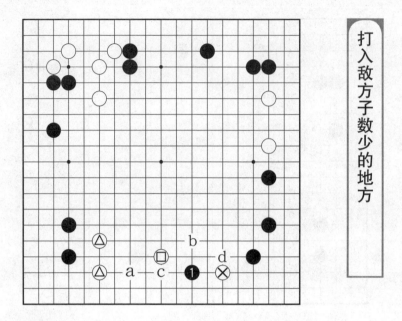

图1

在白棋子数少的地方，黑1深深地打入，阻止白⊗和白▣的联络，是常用的手段。

右下的黑三子很强、很坚实，白⊗一子本身就不怎么强，白▣也不过就是一个子而已。

如果在黑a打入的话，由于白△的存在，黑棋将陷于苦战。

就黑1而言，本身不仅有四口气，下一手黑b可以出头，还有黑c的侵入，瞄着在三线寻找根据地，更有黑d的攻击，有了这三个好点，就让黑棋后面的处理非常轻松愉快。

打入敌方子力多的地方，常常会感到很苦很难，其实，只要冷静判断，就会找到敌方的弱点。

尽力去发现对自己有利的战斗场所。

另外，一开始，打入或许会以失败告终，这不仅没有什么关系，反而是很好的经验。

与其什么都不做让白棋成空，不如去努力挑战，这样就会为下一次的成功增加可能性，哪怕只是一点点也是非常重要的。

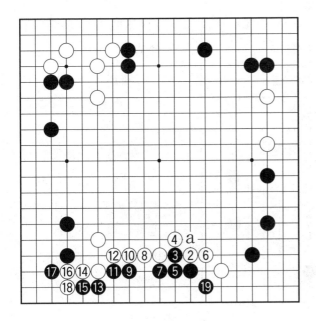

图2

图2（制造出敌方的弱点）

虽然白2封锁是最强的应手，但黑3挖一手，制造出白棋棋形的弱点，非常重要。

手数很多，进行到黑19为止，黑棋得到了根据地。

今后a位的狙击令人期待。

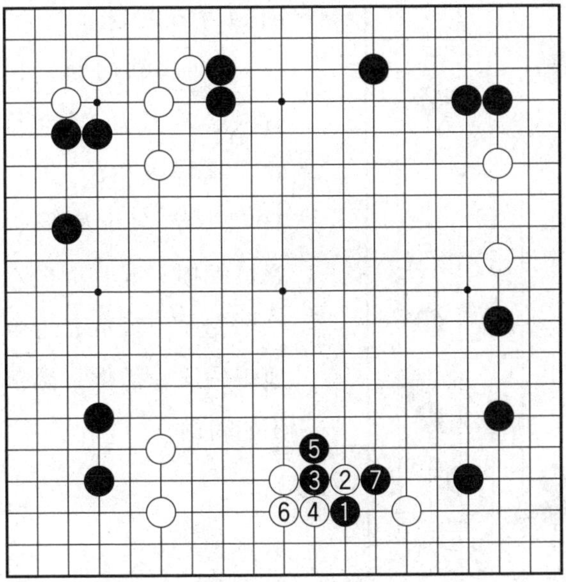

图3

图3（如果切断，可以征子）

对白4的切断，黑5堂堂正正挺出。

白6粘住的话，黑7打吃，可以征子。

黑棋不仅将白棋的阵营压扁，还走厚了外面，是十分满意的结果。

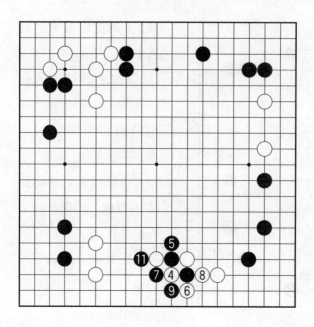

图4　　　　　　　　　⑩=④右侧

图4（瞄准对方没有下的地方）

如果白4切断，白6打吃的话，要瞄准对方的弱点行棋，那就是对方没有下的地方。黑7的切断严厉，对白8，黑9打吃交换一手有益无害，黑11征子吃掉白棋一子，黑棋充分，可以满意。

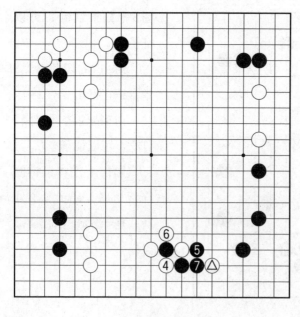

图5

图5（拔花30目）

对白4的切断，也有人会从黑5的方向打吃，这样被白6"拔花30目"，白棋好形，黑棋大损。况且，白△一子还留有活动的余地——这一结果，黑棋不能满意。

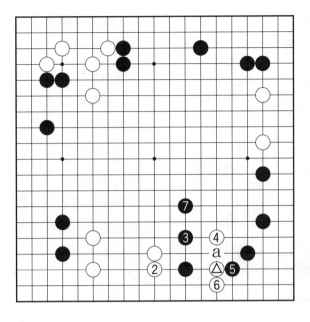

图6

图6（对方搜根就出头）

白2如果搜根夺取黑棋的根据地，黑3就跳向广阔的中央。对白4，黑5尖顶夺取白棋的根据地，然后黑7再跳，竞相出头，黑棋的局面更加生动愉快。

黑3下在a位封锁住白△一子也是很有力的下法。

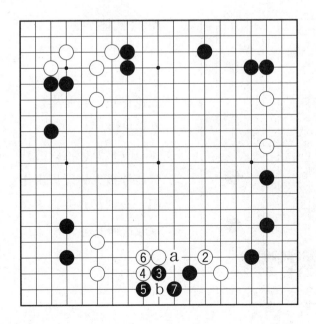

图7

图7（腾挪要靠）

如果白2尖封的话，由于棋子稍微离开一点，"腾挪要靠"的格言正好适用于这个局面，黑3靠是好手，到黑7，是眼形丰富的好形。黑5在6位扭十字切断，或者黑a→白b→黑7的腾挪手段也很有力。

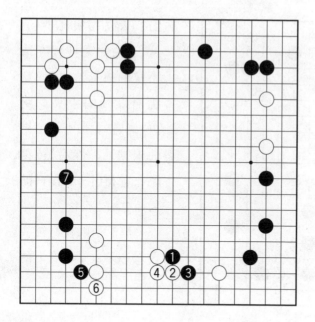

图8

图8（厚上加厚的靠）

黑1靠，这种手段使用的前提是，对方的棋子已经很强，**让对方强上加强、厚上加厚，一点也不可惜**。重要的是，对白2扳，黑3连扳，**阻挠白棋之间的联络使之变弱**。进行到黑7为止，快速展开。

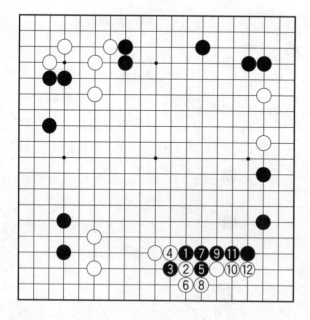

图9

图9（实地松缓）

黑1从高处打入，结果让白2得以联络，无论是攻防还是实地，都很松缓。

除非黑棋得到的外势能够极大地发挥出作用，否则最好还是不要采取这种下法。

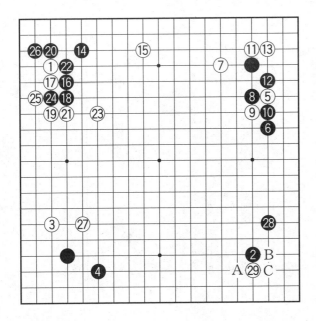

问题图

这是一盘2子局。棋子之间有各式各样的战斗，最重要的场面就是棋子的接触战。

棋子的强弱和气成正比，气少的时候，棋子之间总是处于吃或被吃的紧迫状态中。

右上角白7双挂，对此，黑8与白5一子接触，称为"靠压"。

白9扳起进行抵抗，黑10切断，然后黑12打吃让白5处于不能动的状态，黑棋可以安心。

白11托，白13长，使得白棋变强，拿到角上的实地得以安心，这个局部告一段落。

左上角，从黑14小飞挂开始，进行到黑26的攻防，黑棋得到加强，定式完成。

白27一间跳起，扩大左边，黑28缔角，也是大场。

白29托靠，就是问题图中的场面。

黑棋应该如何应对呢？

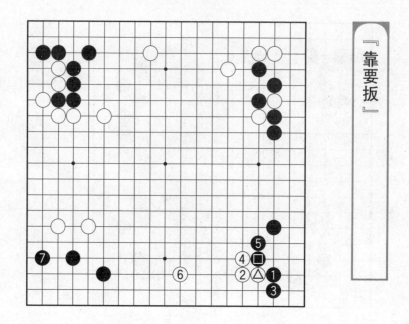

图1

『靠要扳』

对于黑■这个子，白△托靠过来，黑1扳，让白棋的子力弱化为少数，是要紧的一手。

另外，黑1也阻止了白△侵入角部，是守住实地的要点。

这一串重要的顺序，就是格言所指出的，"靠要扳"。

扳，一边紧住对方的气使之弱化，同时，扳住的方向也阻止了对方的出头，起到了增加势力和实地的作用。

扳的弱点就是下在了斜处，留有断点。因此，**在对方是弱子的场合或扳过去的方向特别重要的场合，扳的效果才最明显。**

被弱化了的白△有了白2长，增加子力，增强棋形。黑棋也在3位立下，加强自己，巩固角部。

面对角上增强的黑棋，白棋在4位拐是急所，黑5就更进一步坚实地护空，白6拆，告一段落。

下一手，黑棋可以先行占据7位之类的好点，整体的局面是势均力敌的进行。

在这一连串的你来我往中，我们要学习、掌握棋子相互接触进行战斗时，彼此攻防的定式。

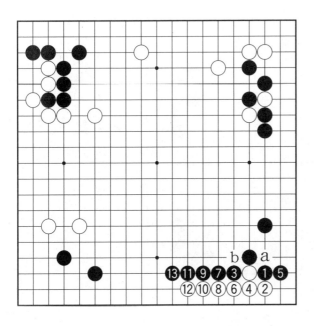

图2

图2（压在低处可以满意）

黑1的扳，已经起到了阻止对方侵入角部的作用，但是白2依然试图进角，这时，从黑3开始，将白棋压在二线，黑棋外势厚壮，非常满意。如果担心a位或b位的断点，黑5可以在a位粘，安心安全。

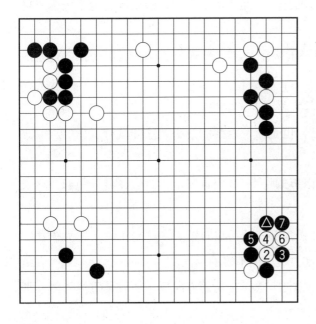

图3

图3（往敌方不长气的方向追击）

对于白2的断，黑棋把对方赶向早已恭候在那里的黑△，黑3征子，吃掉对方。征子吃棋的要领就是，一路追击时，**将敌方赶往有同伴接应的方向，这样敌方就长不出气**，再就是将敌方赶往棋盘的最边上。

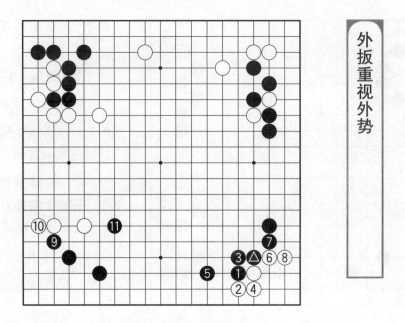

图4

黑1从外侧扳，不在意白棋进角，期待边上和中央的发展，也不失为一种有力的下法。

白2扳，黑3粘，和黑▲一子接在一起，没有了断点，气也变长，这是成为强子的重要防守。

没有了弱子，今后战斗起来就会非常轻松。

白棋在4位粘，补强自己，也是非常重要的一手，这样就有了白6扳和白5位飞出的见合。

因为黑棋重视外侧，所以黑5跳，不让白棋飞出，白6、8侵入角部，达成妥协。

黑9和白10进行交换，补强角部，然后黑11镇头，这是扩大下边大模样、限制白棋左边大模样的绝好点，是黑棋不错的局面。

如果是重视角上，那就如图1，选择在角的方向扳；如果是重视外侧，那就如图4，选择从外面扳。

判断局面，从自己希望发展的方向扳下去进行战斗。

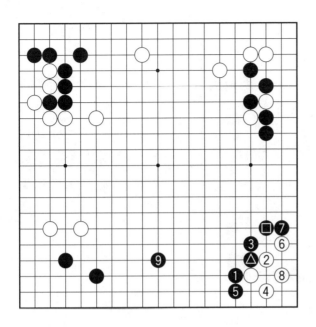

图5

图5（在对方下子的一方补强）

如果白2从这个方向扳过来，黑3长，一边加强了黑△，一边补强了与黑■之间的间隙，好手。

到白8为止，白棋获得了角上的实地，黑棋得到了厚势，告一段落。下一手，黑9是大场，好点。

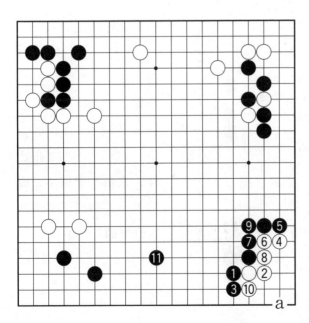

图6

图6（夺取根据地）

如果白2退，黑棋是强棋，黑3可以严厉攻击，夺取白棋的根据地。到黑9为止，外侧的黑棋厚实，白10活棋，黑11占据大场。

如果白棋省略白10，黑a位可以侵入，白棋不活。

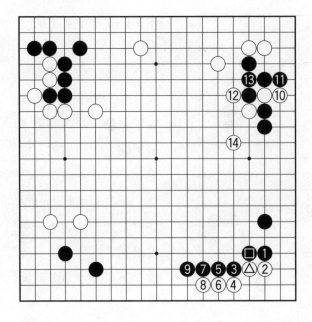

图7

图7（长一手松缓）

黑1长一手，从黑⬛来看，子力和气都得到了加强，但对白△的压力不足。进行到白8，白棋不仅轻松地取得根据地，还得到先手，占据了白10到14的好点。

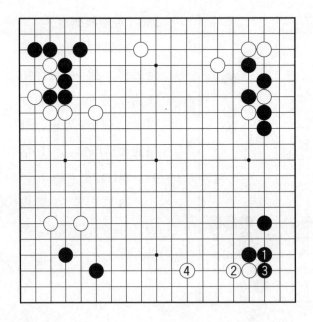

图8

图8（凝形）

白2还可以向宽阔的边上出头，黑棋委屈。黑3的三三是根据地的要点，白4拆，告一段落。和图1相比较，黑棋实地狭小，成为凝形，而白棋实地却得到增加。

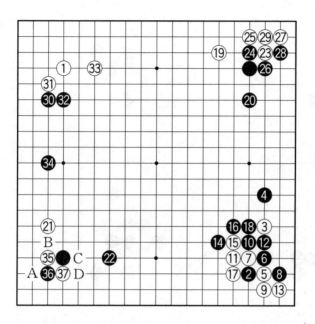

问题图

面对白3大飞挂，黑4夹击，是积极的态度。白5托靠是整形的手筋。

黑6分断白棋之际，白7扭十字，也切断黑棋，制造出弱棋寻求整形的步调，很有想法，是值得牢记的一手。

黑棋被白棋分断，黑6一子非常重要，所以以黑8至12为止，补强自己是这个局面下很好的应对（加上白3一子，白棋子力多）。不过，另外一侧的黑2被吃住，也是无可奈何的事情。

到黑18，相互得到加强，告一段落。

右上角的简明定式值得推荐。

白31尖顶，到黑34的应对，以前的判断是白棋让黑棋得到"立二拆三"的好形，最好不要这样下，而现在根据AI的研究，白棋这样下也很有力。

左下角白35托靠后再次扭十字进行挑战。

黑36的扳，**因为是斜线，不少人担心被切断**——其实，只要**掌握了对策**，你就可以安心了。

黑棋如何应对呢？

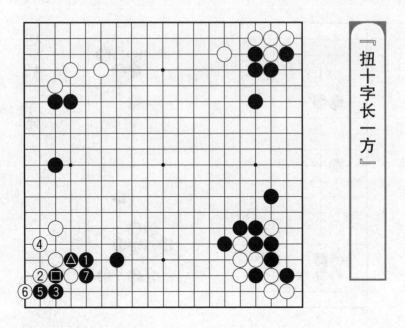

『扭十字长一方』

图1

黑1长，**将只有两口气成为弱棋的黑△增加到四口气，从而变强。**

黑■一子被打吃，看上去很危险，但是由于周围白棋的子力不多，气也很紧，没有必要担心。

黑3立下延气，一点问题都没有。

白4，一般来说会倒虎整形，黑5至7，坚实地抱吃白一子，告一段落。

这一串应对，吻合了那句重要的格言："扭十字长一方"。

对于白棋的扭十字，当你没有合适的手段吃掉对方的棋子时，或者像右下角那样没有恰当的手段整形时，**补强自己重要的弱棋的方法就是长一手，**这一点非常关键。

要点就是下面两点：

• **补强重要的棋子（增加子力、延气）。**

• **向你认为好的方向长出。**

请在实战中活用。

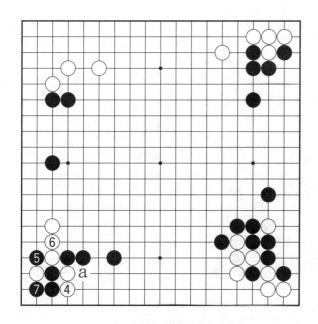

图2

图2（加强弱棋）

白4挡下是无理手，黑5到黑7，吃掉角上一子，黑棋就没有弱棋了。

如黑5在7位默默地延气，单拐一手，也是有力的手法。下一手，6位和a位见合。

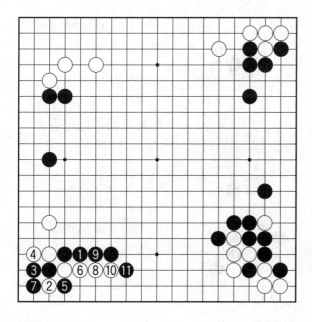

图3

图3（攻击弱棋）

白2如果打吃，黑3长，没有问题。白4挡下，黑5切断，到黑7打吃，一步一步在攻击敌方弱棋的同时，加强了自己。

即便白8出动，黑棋也可以占得先机将白棋封锁。

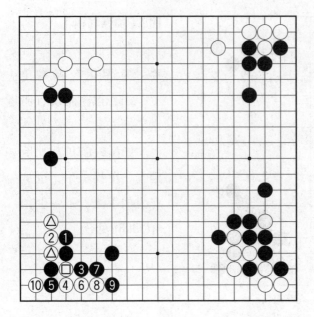

图4

图4（方向错误）

黑1长，由于已经有白△在那里，方向不对。白2粘，不仅让黑棋紧气，同时还补强了自己。黑3打吃，因为和黑1一子有距离，没有办法吃住白⬡。

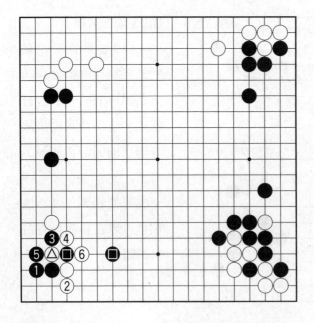

图5

图5（方向和棋筋都不对）

黑1在二线立，不仅低位无趣，还将发展性极高的外侧黑◼弃之不顾。

黑3可以吃掉白△一子，白棋施展白4、6的技巧，将黑棋压制封锁，这时黑棋苦不堪言地进行。

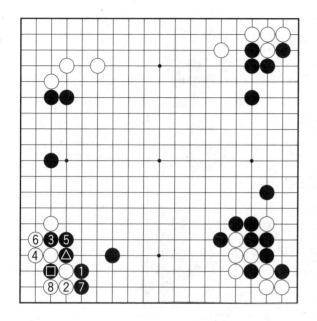

图6

图6（打吃打吃是臭棋）

黑1和黑3的打吃，看上去是紧了白棋气的攻击，白2、4一旦逃出，黑▲和黑■没有变强还是弱棋，有些难以为继。诚如那句劝诫的话所说："打吃打吃是臭棋"。

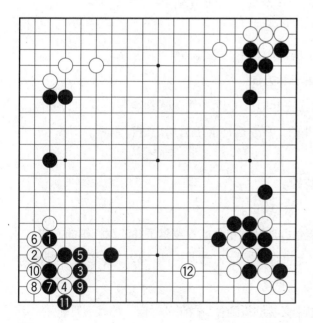

图7

图7（大同小异）

黑1从这里打吃，结果与图6大同小异。黑5粘上之后，黑6位和7位见合，这样胜过图6中的黑5，即便如此，进行到黑11，白棋先手补强了角上，白12可以捷足先登。

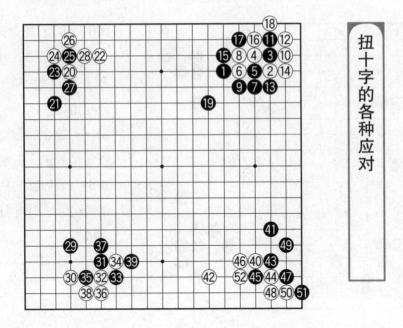

扭十字的各种应对

图8

归纳一下扭十字出现时的心态准备：

• 不要慌张。

• 判断一下彼此棋子的强弱。

• 判断一下彼此重要的棋子和方向。

每当棋子相互厮打纠缠在一起时，不少人就会感到紧张。其实，我们应该知道，围棋是回避不了战斗的，要学会冷静地对局面进行判断。

关于扭十字的应对：

• 有能吃掉的棋子一定吃掉。

• 想办法切断对方的棋子进行攻击。

• 为了不被对方攻击，要想办法补强己方的重要棋子并注意行棋的方向。

基本上就像"攻击是最大的防守"这句话所说的一样，要学会从吃掉对方棋子和攻击对方棋子的角度去思考。

不过，当觉得即便攻击也未必能够得到多少战果的时候，那就不要勉强，不要帮助对方走棋反而加强对方，而要去补强自己的棋子，等待最佳的战斗时机。

图8和问题图的右下角扭十字的应对都是很好的定式，作为参考请在实战中一试。

专栏 我的修行时代②

大窪一玄先生是增渊辰子先生的弟子，也是坂田荣男先生的师弟，可以说是一位非常了不起的先生。

还有一件很偶然的事情，那就是白江治彦先生的师匠也是大窪一玄先生。

承蒙棋会所的主人介绍，我提出了希望能够成为大窪一玄先生弟子的请求。

然而，因为不知道我是从哪儿来的乡下佬，而且大窪一玄先生当时也没有弟子（前面的弟子已经入段），所以即便拒绝我也是在情理之中的，不过，经不住"死缠烂磨"，先生最后终于还是收了我。

因为我身边没有师兄弟，所以大窪先生和棋会所的主人就和我下了很多很多棋。

一般而言，师徒之间的关系，是入门的时候下一盘测试棋，第二盘则是看出弟子没有成为棋士的才能时，下一盘作为纪念的饯别棋。

师匠一般不会具体地指导如何让弟子长棋，而是默默地看着弟子自己的努力，一天一天成长起来.

我则是个例外，大窪先生耐心、亲切、不厌其烦地指导我，结果当时我这个上不了台面不争气的弟子并没有理解先生的责任感，不过，心中还是对先生充满了感激之情。

面对这样的师匠以及故乡亲友的期待，我一直让他们失望，本来就很弱的棋力加上闲散不羁的性格，真是让人不知道说什么才好。

对面这个不肖弟子，大窪先生提出了一个方案，那就是让我参加超一流棋手加藤正夫的围棋研究会。

在加藤先生和他的弟子们的锤炼下，我终于能够成功入段，成为一名职业棋手，我自己都觉得是一个不可思议的奇迹。

当然，还有很多其他先辈棋手以及业余强豪的指导，还有院生之间的研习，这些成就了今天的我。

我将这些都铭记在心，作为回报，我将竭尽全力，在普及围棋、让围棋一代一代传承下去方面做出努力和贡献——"刻石流水"——受到的恩情要勒石铭记，不仅报答施恩者本人，更要尽量报答更多的人，回馈社会。而自己付出的情意，则要尽快忘记，就像流水，瞬间消失。

专栏　关于姿势

棒球也好，高尔夫也好，体育运动都讲究一个"**姿势**"。

"**姿势**"可以说就是"**型**"，当实力达到在一定程度之上的时候，无论什么状况，都能够保持最佳的"造型"，让技术得到完美的发挥。

围棋当然也是如此——或许不少人的意识里，并不认为围棋是体育。

当你一生悬命地努力学习后，却发现效果不尽如人意时，很可能就需要在"姿势"方面找找原因了。

有一位爱好者，每月一次，都会跟我下指导棋。他说，他觉得自己还是有一定实力的，可是怎么都没有自信，总是因为胆怯而下出缓手，节节败退直到输棋。

这位爱好者下棋的时候，每当白棋下了一手之后，身体就像磁石被吸引一样倾了过去，"怎么应好呢？""完了完了……"身体语言暴露出他的所思所想，感觉就像被白棋操纵的木偶。拿着棋子的那只手，就像眼前是一桌子料理，拿着筷子在餐桌上盘旋，一直犹犹豫豫不知道去夹哪道菜……

于是，我给了他几句忠告，几个月之后，他对局的姿势、着手、内容，充满了自信，感觉就像变了一个人。

真是"病由心生"，对于"身体""感情""能力""棋力"，彼此之间确实存在着一定的关系，需要我们去重新认识。

我的忠告是这样的：

- 后背伸直，感觉上，自己的脑袋要够到天井！
- 心情上，自己的肚脐眼和棋盘上的天元联通在一起！
- 在决定下子之前，将手放在膝盖上。
- **拿起棋子后啪地下出，然后立即将手放回膝盖。**

如此一来，被对方棋子迷惑的事情就会减少，决断力也将得到提升。

如果还是不能理解，那就去看看一流棋手的对局姿势吧。现在电视和网络都很发达，过去看不到的对局风景都可以一览无余了。

"学"这个词的本意，据说其由来就是"模仿"。

模仿高手的对局姿势，我们的棋力也会自然地得到提高。

第 3 章

围棋疾病诊断

我于1990年入段，成为职业棋手，到2020年，正好30年。

这期间，得到了和几万甚至几十万的围棋爱好者见面的机会。

年龄方面，从祖父般的人生大前辈到学龄前说话都还有点困难的小朋友。

国籍方面，亚洲、北美洲、南美洲、欧洲、大洋洲、非洲，跨越世界各地的语言障碍，我和大家进行了交流。

超越男女老少和国籍，大家都可以享受到围棋带来的快乐，无论什么人都可以笑容满面地进行沟通、交流——我更加深切感受到，围棋真是一个非常好的游戏。

虽然任何人都可以用自己的方式享受围棋的快乐，不过，有人可能会这样想，在下棋或进行战斗的时候，总是不安、疑神疑鬼，被过去的心理阴影所左右，"这样还能充分享受围棋的快乐吗？"

人与人之间是有差别的，类型和轻重都不一样，是人，多少都会生病，会受伤，也会有各种不好的习惯，"完全健康的人"是非常少见的。

下围棋却没有享受到围棋快乐的人也是这样，多少都会有"围棋病"，可能处于曾经"在盘上或盘外遭受过打击，心理有创伤"的状态。

直接和我下指导棋以及可以和我见面的爱好者，我可以直接把"处方药"或"治疗药"交给他们，而不能直接见到我的爱好者，则希望这一章和其他的部分，能够成为治疗这种"围棋病"和"心理创伤"的契机。

不过，和生活里人的生病、受伤一样，也是没有那种立竿见影就能治愈的"特效药"。

生了病或受了伤，我们会在心理上清醒地认识到这一点，保持和疾病、伤痛在一段时期里和平共处的心态——围棋也是一样，有了这种心情，你和围棋的关系以及在棋盘上的战斗，就会一点一点发生变化。

所以，从这个角度，我们可以说，没有什么长棋的药方。

"心"的围棋病

这里首先论述一下有关"心"的围棋病。如果能够**用心听进去的话，其实治愈的可能性还是很高的**，希望大家在下棋时能够有意无意地提示自己。

• 过于尊敬对方病

这本书是以让子棋为中心进行解说的，那我们就先来说说这个病症。

围棋里有句术语现在也在社会上广泛使用，那就是"让一目"，意思就是承认对方比自己强，向对方表示敬意。其来源就是在和围棋强手（上手、目上、上司等）对局时，弱的一方（下手、目下、部下）持黑棋先下。

从人际关系的角度来看，抱有敬意是非常重要的事情，不过，棋盘上却没有必要。尽自己的所能，当作求教，接受上手的指导，竭尽全力地去战斗。

• 下棋过快病

这好像是业余爱好者的专利特权。

能够下得很快，说明有实力，本身是件很好的事情。然而，下得过快而导致失败则是不明智的了，同时还会招致对方厌烦。

对方下子之后要进行确认，在决定自己下一手走在哪里之前，不要将手伸进棋子盒里，而是将手放在膝盖上。

如果做不到这一点的话，那就推荐拿把扇子或一条手帕。

• 长考病

和下棋过快相反，症状是一手一手都要深思。这种人在很多场合不是"正在思考"，而仅仅是"不知道怎么下""纠结不清""无法下决心""担心失败和输棋"。

围棋这个游戏，有一个特征，那就是，**无论你怎么思考，都还是有很多搞不明白的地方，不知道哪里是正确的。**

围棋是两个人进行的，自己过于长考，等于剥夺了对方的时间。你可以在一个人研究的时候踏踏实实慢慢地去想，而在**对局时，让我们保持平常心，自然、平实地按照一定的节奏，去感受、享受盘面上的变化。**

记住这句话："愚蠢的长考跟歇工一样。"

• 一厢情愿的计算症候群·定式依存症·认死理病

上面三个病因虽然不同，但却有类似的症状。

　　人类的思考，就是在大脑中，一个人在过去的知识、经验、记忆的基础之上进行想象，然后反复不断地进行推论的过程。

　　如果这个思考是正确的，推论下去就很容易得到正确的、很好的结果。然而，由于只是个人的思考，事情就变得非常困难了。

　　常常可以看到这样的情形，爱好者一边嘟囔着"这个定式是怎么下的来着"，一边下棋，其实，人的记忆是暧昧的，是靠不住的。想过头了的结果就很容易出现选择的定式是其他状况下的定式或拘泥于狭小的地方没有大局观的定式。

　　更糟糕的情况则是，对方下出的一手，和自己知道的定式不一样，下在了别处，一下子不知所措，结果导致出现了本来不可能出现的低级错误。

　　围棋是随机应变！判断每个具体的局面后果断地采取行动。

• 嫉妒病·鲁莽病

　　"这山望着那山高"是一句常说的话，用在围棋里好像也非常合适。

　　特别是让子棋，面对白棋壮观的阵营，越看越觉得大，于是就贸然打入，到头来自己陷入苦战的境地。

　　治愈这种病，就需要有对全盘进行客观判断的心态，认清自己形势的特点和优势。

　　围棋是双方相互下子的游戏，如果对方构成了出色的阵营，己方也能够形成对等的毫不逊色的阵营。

　　让子棋则更加有利，因为黑棋已经占据了不少重要的地方。不要过于在意对方，让我们去发现好点，逐步扩大自己的阵营吧。

• 不敢打入病·消极病

　　这和嫉妒病正相反。

　　不要总是想着不能打入对方的阵营，要不怕失败鼓足勇气去挑战。

　　要知道，"失败是成功之母"。

• 永不言弃病·过早放弃病

下围棋时，各种各样的场面，表现出不同的性格。

其中的两个极端就是永不言弃的人和过早放弃的人。

这两种人都有问题，都是没有掌握好分寸把事情做过了头。

我们可以看到，一些爱好者，在一个局部的战斗，很明显地己方的棋子已经被吃掉，但依旧恋恋不舍地执拗于此，不顾最后会对其他的地方产生不利的影响。另外就是明明已经接近终局，却还是在根本没有棋的地方落子。

这里说得"很明显"，指的是"按照这位爱好者的棋力水平很明显地应该知道"，如果本人是真的没有理解当下的局面或者觉得还有一丝可能性的场合，那是另外一回事。

反过来，过早放弃也是问题——有的棋手，因为自己的失败，情绪沮丧，心情气馁，明明形势还不错却投了认输（干脆利索地认输），这就是"过犹不及"。

• 嘟嘟囔囔病·"假如病"

"人无完人"是常说的一句话，而在下围棋的时候，也经常可以看到一个人一边下，一边嘟嘟囔囔、絮絮叨叨个不停。

原则上，从对局中的礼仪方面来讲，安安静静地下棋是良好的对局态度——心情舒畅的对局环境对双方都是必要的。

根据盘面的状况，有时候会不自觉地想嘟囔，"只能这样了""没着儿了""完了""惨了"（职业棋手包括我也经常会这样），这种时候，要尽力控制住自己不要出声。

为什么要这样要求呢？因为这往往会干扰对方，好比下棋时嘴里哼着小调，更进一步，自己的絮絮叨叨很可能会造成心理暗示，导致大脑和体力的功效衰退。

"沉默是金"！

对局后，复盘的时候，我们总会听到这样的话，"假如这样走就好了""如果那样下的话就赢定了"，不过，对局时没有下出来，那也是没有办法的事情。与其总是沉浸在后悔中，不如认真、深刻地反省，为下次的成功积累经验。

关于"礼仪"和"规则"：

前面的论述里提到了"礼仪"的问题，这里就对"礼仪"和"规则"多说几句。

为了社会生活的圆满，人们就要有必要的礼貌、礼法和规矩。简单地说，就是要有"顾及他人的体谅之心"。

在社会生活中，大家都按照共同的礼仪做事情，就会更加安居乐业。

规则是法律、伦理、道德的规定和习俗，是不能做的事情，一旦规则被破坏，社会自身就会毁灭。

围棋也有礼仪和规则，这是和他人进行对局时不能没有的前提条件。

围棋的规则就是"黑白相互交替下子"和"棋子下定后，不能取回，不能再向其他点移动。"只要是具有一定程度的围棋爱好者，都会按照这个共同的规则进行对局。

（当然，还有更加复杂的规则……）

问题是礼仪。

每个人的价值观和常识都是不一样的，礼法、规矩、习惯等也会因人而异、因国而异。

有句话是"入乡随俗"，每个地方都有自己的文化和习惯，如果是用我们自己所认知的"普通习惯"这把尺子，那就很可能无法衡量当地的习俗。所以，就要放下自己的习惯，尊重当地的文化。

重要的是，在必须严格遵守规则的同时，不能忘记照顾、体谅对局的对手和周围的人。

礼仪不好的人一旦成为对战的对手，那简直就像是遭遇到了事故——不过，还是要尽量冷静，对方一个人嘟嘟囔囔令人厌烦的时候，不要大吼一声"吵死啦"！而是要温和委婉地说道："你是想告诉我该怎么下吗？"或者"周围都挺安静的呀"，这样的态度你觉得如何？礼仪不好的人，交往的人自然也会越来越少，最后损失的还是自己，也挺可怜的。

"严于律己，宽于待人"，关心所有的人，让我们在明快、开心的的环境里享受围棋。

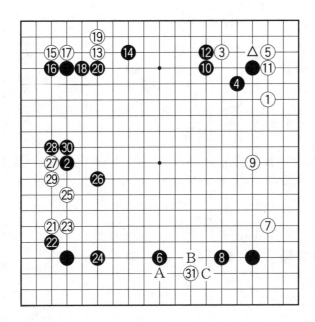

问题图

现在，我们通过所提出的问题，介绍一下出现在棋盘上的围棋病。

我们选择一些大家可能会患上的疾病和病例，结合目前为止学习到的有关棋子的强弱、大场的思考方法，就可以得到健康与否的诊断。

如果选择了问题图里有病的一手，实战中就有可能选择损失更大的一手，请一定注意。

4子局开始之后的问题。

对于白1、3的双飞燕，黑4尖出，保持坚实的联络，简明出头。

对于白5点三三，黑棋如果在白△或11位挡下，因为上边和右边都没有黑棋，很难形成模样，所以这个挡下也就不急，黑6先行占据大场是很好的判断。

白7、9重视右边的话，黑10则挥师来到对方没有下的上边。

白13挂，黑14夹，到黑20为止，将白棋封锁并得到厚势，针对白21的打入，黑22开始搜根攻击。

好，现在白31又打入了进来，应该如何应对呢？

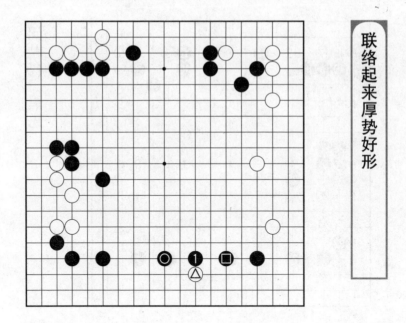

图1

联络起来厚势好形

从局部而言，下边黑棋子力优势，打入的白棋一子（白△）处于弱势。

千万不要忘记这个大前提。

但是，不管这个白子多么弱，一味地想去吃掉却是不可能的，是无理的想法。

要想办法在局部战斗中继续维持有利的局面，结合全局，让己方在其他场合的战斗中发挥作用。

这里，首选的推荐就是黑1的靠压，**黑◉和黑▣联络在一起，让己方没有弱棋，是厚实的下法。**

把白棋封锁在下面，为了做活白棋自然就将黑棋撞厚。

要点是白△的打入是在三线，而黑◉和黑▣的联络是在高一路的四线。

前面讲过，线就是"道路"，己方的棋子（黑◉和黑▣）联络的道路是在四线，而对方的白△是在不同的车道（三线），对己方联络的道路没有妨碍。

双方的棋子呈小飞的状态时（白△对黑◉、黑▣），由于线路不同，判断出"棋子前进的方向一片光明"是非常重要的事情。

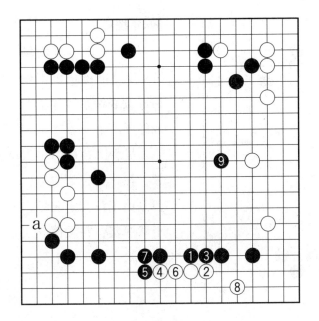

图2

图2（借助厚势扩大模样）

白2长，黑3牢牢地粘住，没有任何间隙，非常厚实。白棋只能在三线没有黑棋的地方求活，黑棋在四线联络后，外势厚实，黑9扩大模样。另外，黑a位也是好点。

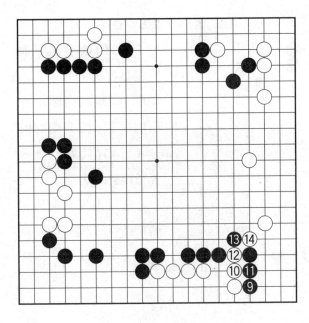

图3

图3（脱先重要）

白棋打入下边后，当战斗告一段落，相互没有了弱棋的时候，脱先重要。

如果黑9继续在右下角纠缠，黑棋最后被分断，棋形变弱，陷于苦战。

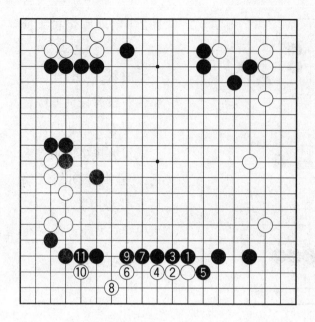

图4

图4（棒接）

　　白2从这边长的场合，黑3也还是牢牢粘住继续联络，"棒接"成好形。

　　尽管下边被白棋占领，黑棋失去了实地，但是由于没有了弱棋，形状厚实，在后面的战斗中就会发挥作用。

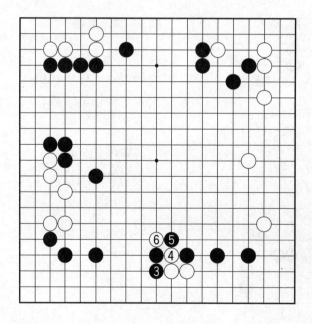

图5

图5（最强）

　　黑3的挡下是夺取白棋根据地的一手，白4从一间跳的间隙中冲出时，**黑5挡是绝对的一手，白6切断**，进入复杂难解的战斗。

　　这是黑棋有自信时的"最强的下法"。

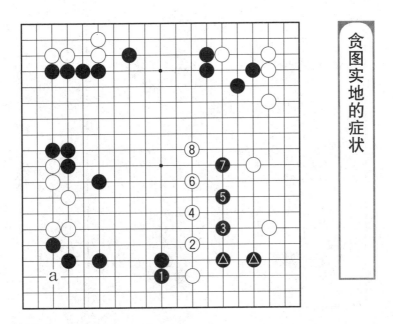

图6

　　黑1，不让白棋进入自已已经构成的模样，在"**尽量守住实地**"的心情支配下，"**不让白棋获得根据地**"，是攻击的一手。

　　不过，这只是适用于下面的场合：在外面筑成厚势，同时也对模样和战斗没有多大帮助的局面时，夺取白棋的根据地进行攻击才是良好的判断。

　　然而，现在这个局面，白2跳出后，黑▲被分断，彼此都出现了弱棋，于是可以预见，黑3到白8竞相出头。

　　结果如何呢？

　　大家是不是可以看到，原来图2呈现出的富饶的中央黑模样，因为有了白棋到白8为止的连跳，几乎消失殆尽？

　　另外，即便黑1玉柱守住左下，和图2中的黑5、7相比，也不过就是多了一路而已，何况还留有白a位的点入。

　　被对方打入后，哪怕损失一些实地，也不要在意，重要的是，不要让自己出现弱棋。

　　"吃小亏占大便宜"，不要过于拘泥眼下的模样和形状，学会找到更好的要点。

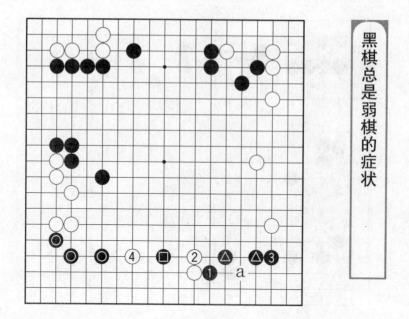

图7

　　白棋下出一手之后，很多人都会这样想，"要命了""要被吃了""必须守一下""太危险了，赶紧做两只眼"。

　　本来，明明下边是黑棋子多，打入的白棋是弱棋，却总觉得黑▲是弱棋，于是黑1到黑3守住角上的根据地，确保安全，尽快安心。

　　然而，黑1的副作用就是白棋增加了白2变成了两个子，这样一来，被白4打入后，黑■一子被孤立，形成了黑一子对白三子的状态，黑棋难免陷入苦战。

　　另外，伴随着白4一子的增加，黑◎又成为担心的对象。

　　如果能够像图2那样，将下边的黑棋联络在一起，不用担心，那么这些负面的连锁反应就不会出现。

　　阵营和模样，说到底，就是己方的子力多，战斗起来有利的场所，而不是为了围出实地，即厚势不围空。如果一心一意总是想着"这里绝对要成空"，那就很容易落空失败。

　　要用高屋建瓴的心境去俯瞰整个棋盘。

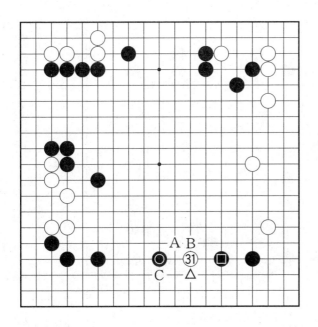

问题图

进行到30手为止，和第93页问题图一样，白31打入下边。

我可不想听到有人问："这有什么不一样吗？"

同样是打入，别看这一路之差，战斗起来有着重要的意义。

提示一下，黑◉和黑▣本来可以联络的四线的中间，白31威风凛凛地站立在那里，起到了阻碍的作用。

对于围棋来说，线的存在至关重要，棋子在线上可以联络，而线上的联络一旦受到妨碍，进行战斗则势在必行。

对于黑棋而言，白31挡在己方可以联络的道路上，是眼前的敌人，必须认真对待。

另外一个角度，从白棋的立场来说，第93页问题图的白31（本图白△）本来可以在三线打入，那里左右都没有黑棋，可以进退自如。但是白棋依然不管这些，硬是在四线突击进来，不顾左右已经有黑◉和黑▣埋伏在那里，其意图再明显不过了，目的就是分断黑棋进行战斗。

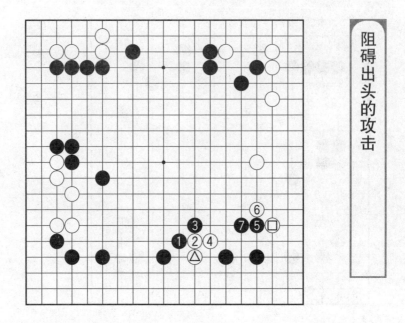

图1

阻碍出头的攻击

白△一子和周围的黑棋相比，虽然是弱棋，但是也有四口气，马上吃掉它是很困难的，从容不迫地进行攻击是要领。

白△在四线，左右都有黑棋等候在那里，要想获得根据地也是很不容易的。

这就是说，黑棋为了攻击，阻止白△快速出头是最有效的方法。

这里黑1尖，从容不迫地缩小白△的出口。

面对黑棋的接近，白棋不能舒展畅快地出头（比如一间跳等），白2只能一步一步爬行。

随后黑3严厉地一扳，直接挡在白棋通往前方的道路上。

白棋不能直行，为了出头，白4不得不变更前行的路线。

能够让白△的行动如此不自由，黑棋的攻击就已经收到了成效。

接下来，黑5靠压白囗一子，缠绕攻击，右下角黑棋顺势出头，是有力的战法。

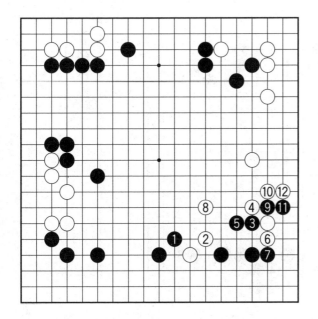

图2

图2（缠绕攻击）

如果白2立即变更车道，那么黑3也还是靠压右边白棋强势的一方，是缠绕攻击的好手。

白8出头时，黑9的追究是严厉的一手。

切断对手的棋子使其变弱，增加了狙击的机会。

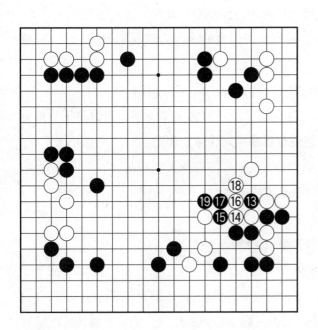

图3

图3（缠绕攻击）

图2之后的演变，黑13再一断，利用白14的长出，黑15以下，对下面白棋的攻击现实化了。

欲攻击这边的棋子，先在别的地方展开战斗，这就叫"缠绕攻击"。

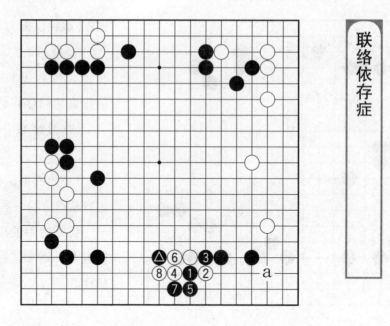

联络依存症

图4

有些人非常害怕自己的棋子被切断（被分断、分割）。

对于他们来说，本来一直是有联络机会的，因为对方刚下了一手，就感到恐怖，于是试图赶紧联络，这往往导致失败。

诚如俗话所说："病急乱投医，稻草也救命。"

这里，重要的是，一定要这样思考，**"对方下了一手，不过是子力得到了增加，己方棋子联络的可能性也就是相对会减少而已。"**

首先要思考的是以下几个方面，我们要冷静地去判断：

• 试图切断己方的对方棋子是不是很强？

• 越过对方的棋子是否可以联络？

• 己方的棋子被切断后是否难以为继？

• 被切断的棋子是否重要？

黑1托，试图联络，是典型的失败图。黑1的托，因为气紧而是弱棋，白2扳下分断，进行到白8，本来气长的黑▲是很强的棋子，结果被碰伤，气紧变弱。

更不妙的是，右下角还留有白a位的打入。

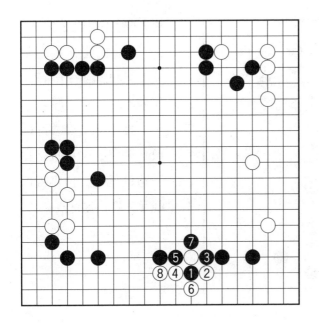

图5

图5（拔花大损）

白4打吃时，如果黑5断，让白6拔花，然后黑7可以联络。

可是，白棋不仅轻松地得到了根据地，外面的黑棋还留有断点，黑棋大损。

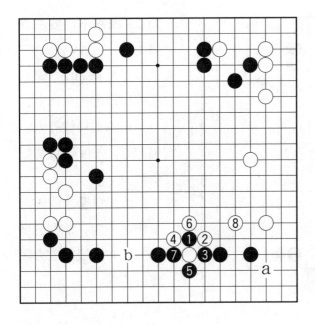

图6

图6（拔花30目）

黑1从上面靠压，结果和图4、图5大同小异。根据局面，黑棋弃掉黑1一子进行联络有时候也不失为好手，但在此局面下，白棋不仅外势雄大，而且下边还残留着a位、b位的打入。

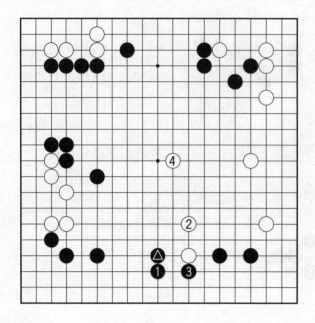

图7

图7（过于坚实症）

黑1玉柱，虽然坚实，但和黑△一子重复，子效不高。

接下来，黑3可以渡过联络，但不过是在下边的低位，白棋得以捷足先登占据好点。

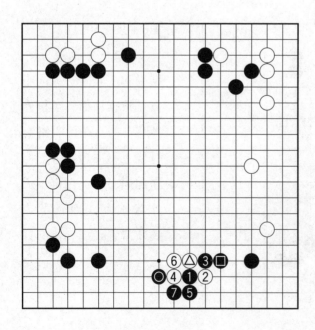

图8

图8（线路不同容易联络）

如果图7的黑△是在本图黑●的位置上，对于白△的四线打入，黑1以下进行联络是好手。

由于黑■在四线而黑●在三线，没有白棋的三线和二线就成为联络的通道。

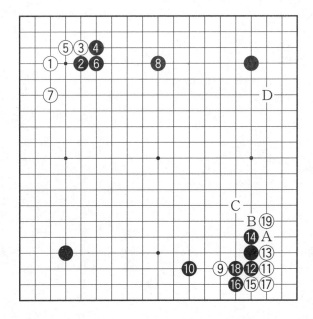

问题图

不少学习下围棋的朋友有一种过于拘泥的倾向，那就是觉得"先手最重要"。

如果一味地强调这一点，就会一直想着，"必须走在能够拿到先手的地方""对方会怎么应呢""决不能落后手"——让我们来认真思考一下这个问题。

围棋是双方交替自由自在地下子，所以，没有绝对的先手（对方会应一手），而且，一手一手都要进行价值判断，"因为是先手，所以是有价值的好手"本身是不成立的。

和自己下出的先手的价值相比，对方后手应了一手之后，如果价值更高，那不是本末颠倒了吗？

判断价值大小的标准大致如下：

- 对棋子的攻防有用的一手。
- 事关相互的模样、实地增减的一手。
- 将来有回报的场所先行投资的一手。

"将来有回报的场所"，简单来说，指的就是"子力少的广阔的地方"。

现在我们来看一下问题图吧，下一手在哪里？

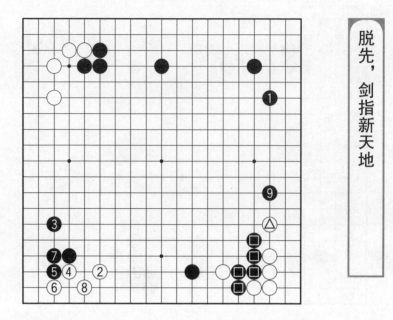

脱先，剑指新天地

图1

右下角白△与黑■拉开了距离，相互形状坚实，这里已经告一段落，是好判断。

黑1的缔角是大场，白2在下边挂角削减黑棋模样，然后黑9是好点，一边扩展右边，一边对白△施加压力。

脱先时的判断基准：

• 相互棋子拉开距离（攻防告一段落）。

• 对方下在了又低又狭小的地方。

• 相互的棋子都得到加强（或者一方的棋子变强，一方的棋子彻底变弱）。

• 这个场所的空间已经变得很狭小（模样、实地的增减和其他场所相比要小）。

我问过一些人，为什么不从现在的局面下脱先，大多数的回答是这样的，"也不知道为什么……""对方总要应一手吧""习惯先计算棋子多的地方（知道对方的应对）""棋子少的地方不知道下在哪儿好，心里不安"。

轮到自己的每一手都不要浪费，学会脱先，剑指有价值的地方。

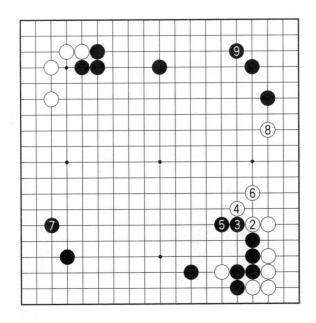

图2

图2（对方动手也不怕）

上面所说的脱先的基准进一步粗略地概括如下：在对方动手也没有什么了不起的时候脱先。右下角白2动手，黑棋没有什么可怕的。下边和右上形成的黑棋模样非常漂亮。

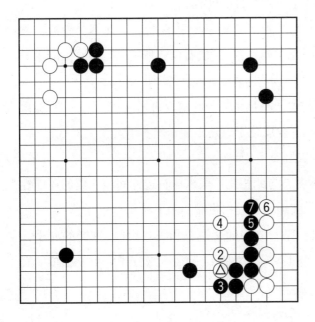

图3

图3（出动也不怕）

有些人可能会担心白△的出动，其实这是黑棋子力多的地方，没有害怕的道理。

白2长的话，黑3联络，对白4，黑5、7分断，对白棋进行攻击，非常愉快。

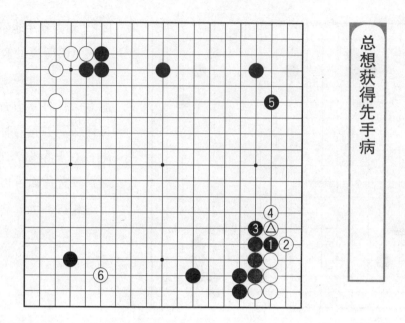

图4

黑1冲，白2挡是必然的一手（被黑2冲下白棋不行）。

黑1，不管对方损益如何，满足于获得了先手的人，还真不在少数。然而，这里需要考虑的是，"下出的这个黑1到底有没有所得？""让白2应了一手到底亏不亏？"

黑1，仅仅是在本来就有5个子而且是强子的地方再增加1个子，并不能再强。与其撞紧了一口气让黑棋多少弱化了，还不如干脆不下。

同时，也不会增加任何实地。

白2，实地是减少了，然而，与此相比，黑棋从右边的间隙入侵的可能性也大大减少了，巩固了白棋的实地，是让白棋愉快的下法。

也就是说，**黑棋先手损**。黑3和白4的交换也和黑1一样，这样的先手，使得白棋向宽阔的方向发展，白△一子增加了白4后变成强子，也是很损的交换。

毫无所得的地方不要下，这是关键。

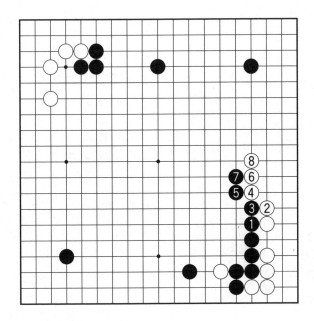

图5

图5（帮倒忙病）

黑1压，接着黑3、5、7连压，扩大下面的大模样，是大胆的构想。

然而，白2到白8，黑棋让白棋先行进入宽广的右边，这种"**后推车**"的交换成为帮对方走棋帮倒忙的损棋。

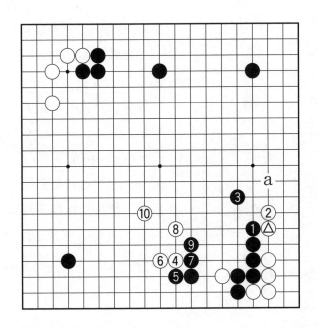

图6

图6（拉开距离就脱先）

黑3飞，黑棋如果和白棋拉开距离，白4就可以脱先转身侵消黑棋。有了白2这一手，右边的白△得到加强，黑a位就没有什么威胁力了。黑棋的厚势成为凝形。

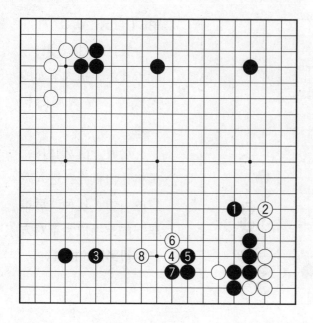

图7

图7（得失不明）

黑1飞，是扩展下边模样的好点。但是，白2冷静地补强，先行向右边发展，这样的话，黑白双方的得失损益很难判断。不过，还是希望保留图1中对黑9的期待。

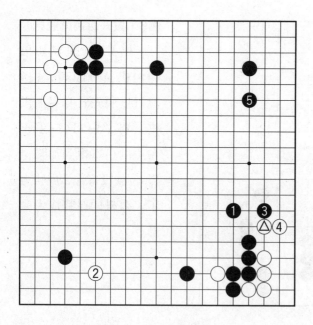

图8

图8（先手得益的交换）

如果白2脱先它投，黑3，阻止了白△向右边的发展，是**先手得益的交换**。

白4补强是妥当的下法，黑棋已经将白棋压在了低位，可以不再理会，脱先占据黑5的大场。

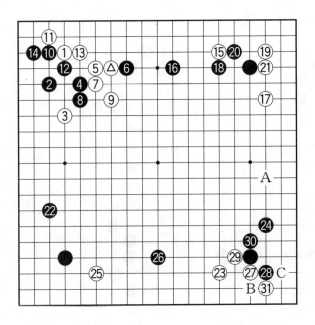

问题图

左上是定式，希望大家掌握黑6这手棋的思考方法。

如果觉得黑2、4是弱棋，黑6这手棋就会情不自禁地在7位压一手，白棋在白△位长出，让对方走向宽广的地方，成为"后推车"。

我们仔细观察一下黑4这个子，前面的道路是通畅的，下一手可以在7位或8位两个方向出头，所以这个子是安全的。

这就是"见合"的思考方法，如果对方走在这边，那么己方就可以从另外一边出头，所以现在没有必要马上动作。

为了阻挡白3向宽广的上边发展，黑6反夹先占据上边的要点，这是一种行棋的步调。

右上角也是定式，一定程度上双方都得到安定，告一段落，战斗转移到下边。

针对黑26的夹，白27托，试图补强白23一子。

白29鼓，是有弹力的好形，黑30应后，白31连扳侵入角上。

此刻，黑棋应该如何应对呢？

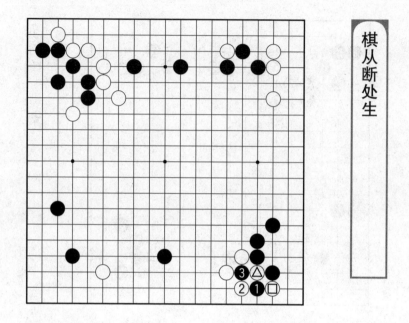

棋从断处生

图1

　　白△和白▣是斜线，并没有联络上，也就是说，是有"毛病"（断点）的棋形。

　　毛病的意思，就像我们人身上的毛病一样，有了毛病之后就会处于虚弱的状态。

　　间不容发地狙击对方虚弱的地方，不辞一战的决心，是增强棋力不可欠缺的姿态。"棋从断处生"，意思就是，既然棋就是棋子和棋子之间的战斗，那就要有不畏战斗的坚强的心态。

　　这里，黑1切断白△和白▣，是将白棋分断打散进行攻击的急所。

　　对于白2，黑3可以吃掉白△一子。

　　这就形成了叫作"打劫"的复杂棋形，很多人都害怕打这个劫——喜欢打劫的似乎是少数派。

　　但是，战斗中打劫是必不可少且不可避免的，让我们在实战里，学会不仅不惧打劫，而且主动去打劫。

　　另外，黑3，"遇劫先提"，因为是轮到黑棋下，可以先将对方的棋子吃掉，开始打劫挑战对方。

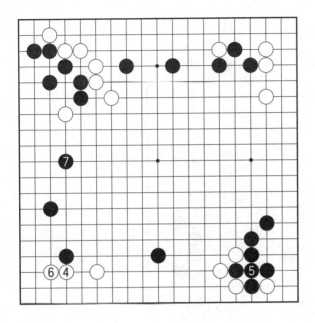

图2

图2（消劫）

打劫的时候，另外一方是不能马上提回来的，所以白4托"寻劫"。

这里，黑5粘上消劫，右下收益极大，左下损失严重。

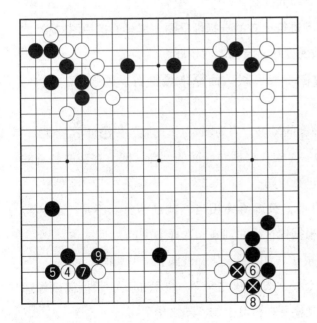

图3

图3（继续打劫→即便劫败，它处补回）

另外一个选择就是黑5应劫。这个场合下，白6提劫，黑棋寻劫，即便劫败，也可以在其他地方把损失补回来。右下黑⊗被吃虽然损失惨重，但是左下的收益也是极大。

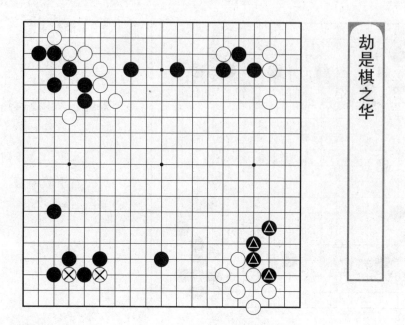

图4

图3最后打完劫后，成为图4的形状。

劫，就是**在劫和劫材之间进行比较的选择性交易**。黑棋是选择图2劫胜之后的变化，还是选择图4劫败的变化，差别就在于此。

选择图2的话，白棋分散不成形状，而原来黑棋右下的强子，图4的黑▲，就变得很弱了。

图2，原来右下角威风凛凛的黑棋，因为图4白棋劫胜，黑▲惨不忍睹。

重要的是，当出现打劫的时候，根据对局面的判断，双方在获取利益的地方和遭受损失的地方相互进行攻防。

有得必有失，有失必有得，只要得失相当，就是两分。不是"好坏与否"和"正确与否"，而是根据你自己的判断和选择来决定。

因为有了"劫"，围棋才有了无限的变化和波澜壮阔的局面。

有个大前辈留下了一句话，"劫是棋之华"——我们的心情应该就像感动于鲜花之美一样，也去感受盛开在棋盘上的"劫之华"。

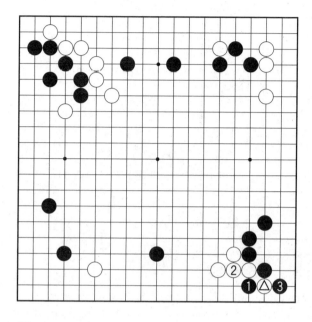

图5

图5（对方软弱所得甚大）

对于黑1的断，如果白棋下出软弱的一手白2粘上的话，黑3吃掉白△一子，所得甚大。

白棋丧失了根据地，黑棋在角上得到了极大的实地。

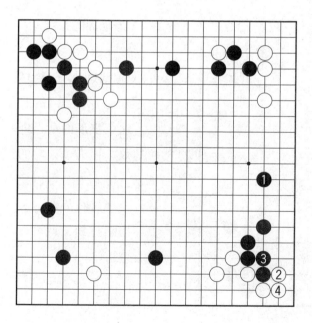

图6

图6（接触恐怖症）

当对方的棋子和己方的棋子一旦接触上时，有些人就会感到恐怖，于是赶紧从接触的场合逃离。

黑1，放弃棋子接触的场合于不顾，白2、白4夺取了角上的实地，和图5相比，其差别赫然醒目。

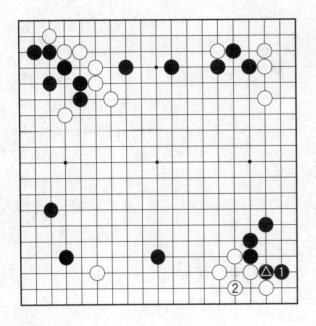

图7

图7（恐劫症）

黑1惧怕打劫，认为黑△一子是弱棋，于是防守，结果给予了白棋机会，让白2得到了眼形丰富的好形。得寸进尺的话，白2还可以脱先它投。

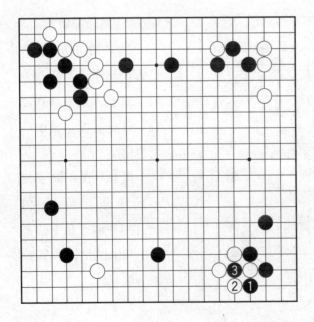

图8

图8（恐劫症的克服）

患有恐劫症的人，可以试试问题图第30手不长，而是黑1的打吃。这个棋形的话，即便劫败，损失（被吃的棋子）也不大，可以比较轻松地进行战斗。只要习惯了打劫，就可以克服恐劫症。

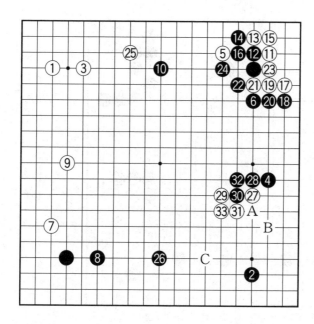

问题图

问题17 黑先

棋子在棋子盒里的时候都是平等的，而当下到棋盘上的瞬间，每个棋子就发挥出作用，伴随着局面的进展，棋子的效率和价值也在不断变化。

所谓的"实力"，也许可以这样说，就是能够对棋盘上棋子的效率、价值进行恰如其分的判断。

价值高的棋子的大概的基准有以下三点：

• 大块棋（实地大幅度增减）。

• 与联络弱棋有关的棋子（棋筋）。

• 与弱棋的根据地和眼形相关的棋子。

反过来价值低的棋子的基准则是以下三点：

• 子数少的棋（实地增减幅度不大）。

• 与棋子的联络没有关系的棋子或者即便有关系由于周围都是对方的强子（残子）。

• 与弱棋的根据地和眼形无关的棋子。

白11点三三，进行到黑24，作为基本定式，这个图形希望大家能够记住。

白27以下，前来侵消黑模样，下一手，A～C中，黑棋选择哪一点好呢？

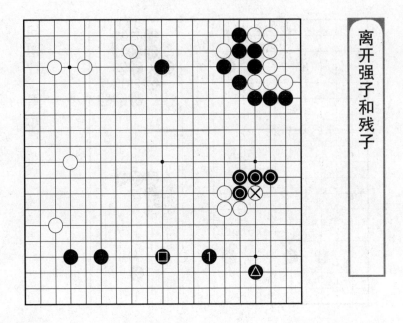

图1

离开强子和残子

　　这个局面下，黑◎四子不仅子力多气也长，而且坚实地联络在一起，是非常强的棋形。

　　而贴在强子黑◎身上的白⊗一子，跟黑棋的联络毫无关系，所以是残子。

　　黑▲和黑■各自都还是一个子，当中央白棋逐渐增多了之后，多少就会有些担心。所以，黑1，既是黑▲的大飞，也是黑■二间跳，构成好形，是联络的好点。

　　右边虽然被侵消，但却在下边构成好形，而前来侵消的白棋依旧处于不安定的状态，将来有被攻击的可能。

　　一旦发生了接触战，不知不觉就不肯放手离开，然而，当相互棋子都成为强子的时候，以及白⊗这个子成为残子的时候，脱先它投的时机就到了，可以转身去寻找其他的好点了。

　　强弱的基准是"气"，价值高的棋子，只要是在四口气以上，基本上就是强子。

　　希望大家在价值判断和强弱判断方面仔细进行确认，这样你就能不断地发现棋盘上会有很多好点。

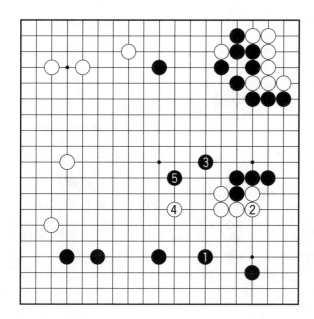

图2

图2（救助残子无须在意）

白2，救出了本来可以吃掉的一子，或许有人会后悔，其实，救助的如果只是"残子"，大可不必在意。

相比之下，可以占据其他的好点更让人开心。

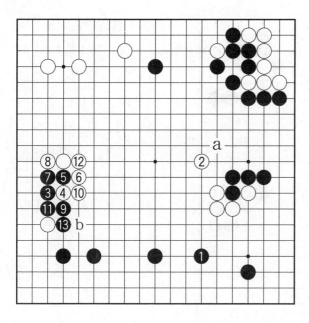

图3

图3（你来我往）

白2飞起，是侵消黑棋模样的好点，黑3就占据另外一个好点，你一拳我一脚，来而不往非礼也。

进行到黑13为止告一段落，黑棋可以满意。黑3如果a位应，将被白b位跳起构成好形。

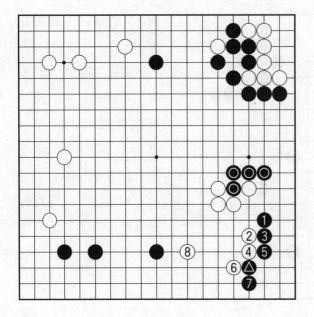

图4

图4（好形不急于出头）

黑1是黑⊙数子出头进入右边之际的好形，请一定记住这个形状。从黑△的立场看，黑1既是大飞，也是好形。不过，黑⊙数子是强子，并不急于联络。进行到白8，下边的白棋反而风光无限。

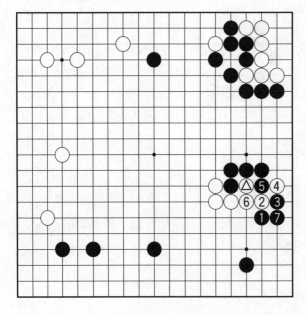

图5

图5（联络的证明）

这是黑1是好形可以联络的证明。白2试图分断，但是由于白△是弱子，黑3可以扳。白4的话，黑5断是先手，然后黑7粘住。白2如果下在白6，黑3是好形。

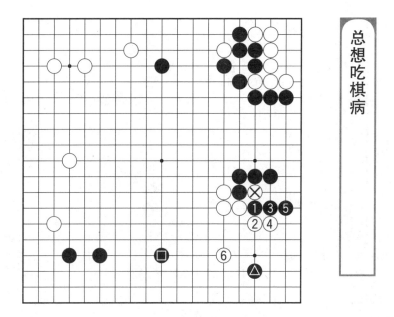

图6

黑1断，对嘴边上随时可以吃掉的白⊗一子食指大动。

吃掉对方棋子看上去很开心，不过，当被吃掉的棋子价值很低的时候，就没有什么可以自豪的了。

白2弃掉这个不大的子，黑1、3、5所得到的利益不过是厚上加厚，增加了一点实地而已。

从白棋的角度看，有了白2、4，白6就可以先行进入宽阔的下面，对黑▲进行攻击的号角已经吹响。

进一步，白6的威力还辐射到了黑■。

围棋有"内"和"外"的思考方法。

"内"，就是狭小的空间，周围都是己方的强子，所得不多，没有发展性的地方（黑1、3、5）。

"外"，就是发展性极大的广阔空间，对弱棋的攻防起到作用时效果倍增（白2、4、6）。

"敌在内，友在外！"切记，切记！

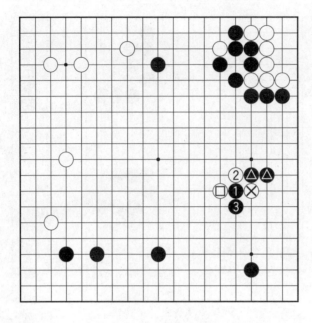

图7

问题图的黑30挖的这手棋，是阻挠敌方联络的强手。

我曾经问过那些不敢下出"挖"的人，他们回答说，"担心白2的断"，其实，黑3长出，谁强谁弱，一目了然。

黑▲2个子有四口气，黑1、3两个子有三口气，白⊗这个子只有两口气，白2一子也就两口气，白▢一子有三口气。

我们可以看出，黑棋无论对哪个白棋，都不落下风。

这种情况，往往不是因为被过去失败的经验所左右，就是担心自己计算不清心里不安，于是就不敢大胆地去下——让我们冷静地判断局面，拿出勇气去挑战吧。

好，我们看一下图7，白⊗和白2，切断了黑棋，是棋筋。发现棋筋的判断方法是：

• 和棋子联络有关的棋子。

• 被切断的棋子较多的一方更重要。

• 棋筋和子数没有关系。

运用这个判断方法就可以看出棋子的价值。

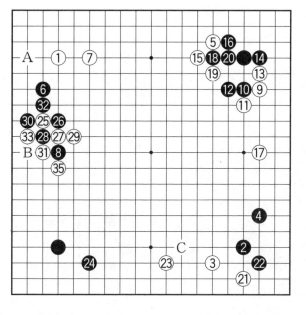

问题图

34 = 25

19路盘的世界非常广阔。

361个点（目，棋子放置的交叉点），有的地方已经下了棋子，还留有很多没有下子的空间。

下棋的时候，最让人在意的就是盘上棋子的存在。

棋子就像自己的孩子一样重要，而如何去掌握没有棋子的空间也很重要。

棋力越强，就会一边专注于棋子之间进行的战斗，一边常常思考如何去把握还没有棋子的空间。

右上的战斗进行到黑20为止，由于角上的黑棋已经安定且坚实，白棋判断，白5、19即便被吃掉也无所谓了，于是脱先它投。

白25，在左边打入，再次挑起战火。

下一手黑棋的着眼点是哪里呢？

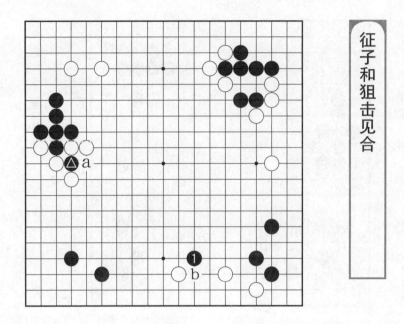

征子和狙击见合

图1

围棋有各种各样的技巧（手筋），征子以及与此相关的引征就是一种非常重要的技巧，江户时代的川柳（类似打油诗的一种民间诗歌——译者注）就有这样的形容："不识征子别下棋。"

征子就是连续追杀希望吃掉对方的棋子，技术上并不复杂，然而，在很多时候，到吃住为止，毕竟手数非常多，最后计算清楚是否能够吃掉，也是一项非常难的技术。

出现征子的时候，很多人心里会不安，"真的能够吃掉吗？""是不是吃不掉呀？"

征子，是和"计算"结合在一起的，有时间的话，一个人在棋盘上摆一下棋子，试试实际操作一气追杀征子，这是最好的练习方法。

现在的局面是黑△处于被征子的状态，黑1这手棋，既瞄着黑a位逃出黑△，同时也瞄着黑b位凶狠地挡下，这就叫作"引征"的技巧。

一手棋起到引征和狙击别的地方的作用，"一石二鸟"，真是非常痛快的一击。

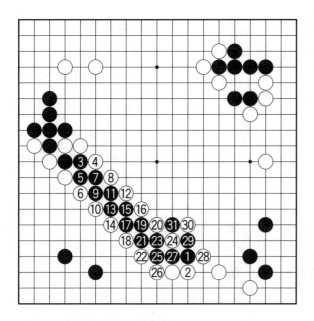

图2

图2（征子可以逃出）

白2如果应，黑3逃出。

白4开始一气打吃，到白26的时候，黑27和黑1得以联络，引征取得成功。对白30，黑31，征子就不成立了。

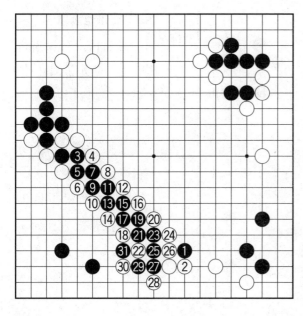

图3

图3（殊途同归）

白棋还可以考虑另外一条路，那就是图2中的白26，切断黑棋与黑1的联络，让黑棋往下边追赶。

但是，黑27继续跑，白28时，黑29，打吃白22一子，征子逃出。

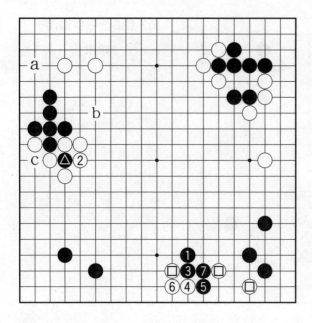

图4

图5

图4（连下两手白棋，破碎）

白2如果提掉△一子，黑3挡下，加上引征的黑1，连下了两手，将白□分断，白棋支离破碎。

对白4，黑5、7，切断白棋。

左上的黑棋，有a、b、c三点的补强手段，非常安全。

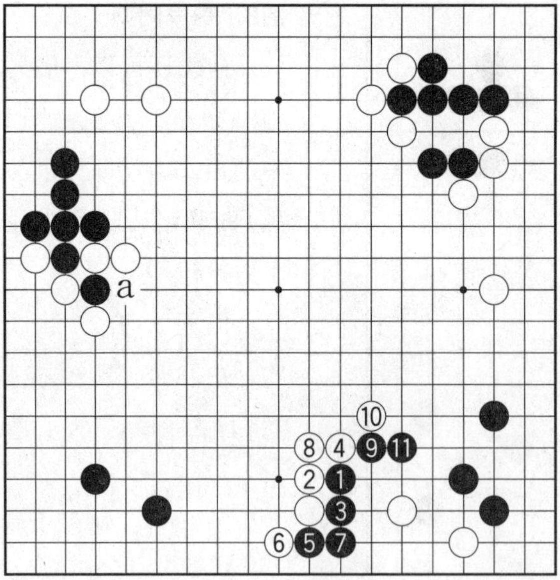

图5（反击也满意）

对黑1，白2反击也很有力，防止了黑a位征子逃出，起到了**反引征**的作用。

然而，黑3以下分断白棋，所得甚大。

黑a位的狙击依旧存在，黑棋没有任何不满。

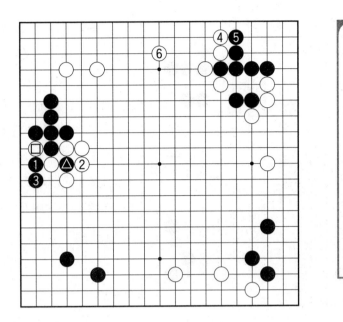

盘面视野狭窄症

图6

黑1断打，其心情可能是这样的，"既然黑▲已经被征吃，那怎么也要吃掉白⬜，这样就可以确保黑棋眼形。"

然而，黑▲真的被吃掉，是白棋下出白2后黑▲被从棋盘上拿走那一刻才发生的，在白棋下出白2之前，我们只能说，"黑▲处于被吃掉的可能性很大的状态下"。

棋力要想得到提高，就要学会想到"**白2在吃掉黑▲之前怎样能够使利益最大化**"，这一点非常重要。

为此，就不能将视野仅仅局限、固定在狭小的左边，而是要有客观统揽全局的柔软性。

黑3长出，尽管是二线，但如果反过来被白棋下在3位的话，黑棋将被封闭，这跟黑棋出头相比，有着天壤之别，所以不能放过。

但是，却不得不落成后手，白4、6，捷足先登占据大场。

另外，白棋的心头之患黑▲已经消失，这样一来，对下边白三子的严厉狙击也不存在了。

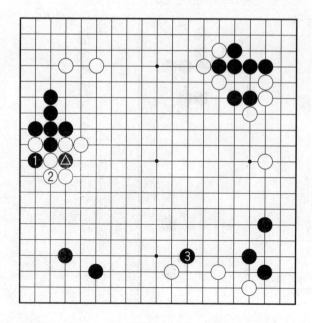

图7

图7（吃棋要吃净）

对于黑△，经常有人试图尽量"吃大一点"，感觉"反正是征子"，于是下了白2，对于这种不彻底的着法，黑3还是可以进行狙击的。图6中的白2是本手。

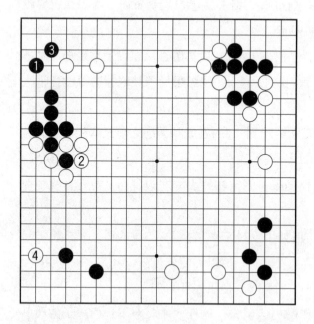

图8

图8（本手）

对于黑1，白2提子是**本手**，将敌方的狙击手段扼杀在摇篮里，没有了后顾之忧。

黑3虽然捞取了实地，白棋依托左边的厚势，可以在白4一带潜入。

专栏 围棋用语

感觉围棋很难的一个原因，就是围棋用语。

与围棋相关的专业术语，如果没有一定的知识和经验，很多都是无法理解的。

例如，图1中的黑1，这叫"长"，黑1如果下在a位，就叫"立"。

这是跟棋盘的高度相关联的，向着棋盘高处（天元、中央）和宽广的地方行棋是"长"，向着棋盘边端行棋则是"立"。

图2中的黑1、白2、黑3，尽管形状都是一间的距离，黑1在角上守空，称作"一间缔"，白2从三线向五线的高处出头，叫"一间跳"，黑3在同一个高度横向行棋，感觉像打开的窗户或大门，所以叫"一间拆"。

理解围棋用语是了解围棋世界的基础，让我们踏踏实实、努力不懈地增加这些知识吧。

本书的目的，就是希望任何人都能够对围棋的基本有所理解，从而有所进步，所以，我将注意尽量不使用复杂难懂的围棋用语，这样做是不是很好呀？

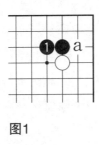

图1

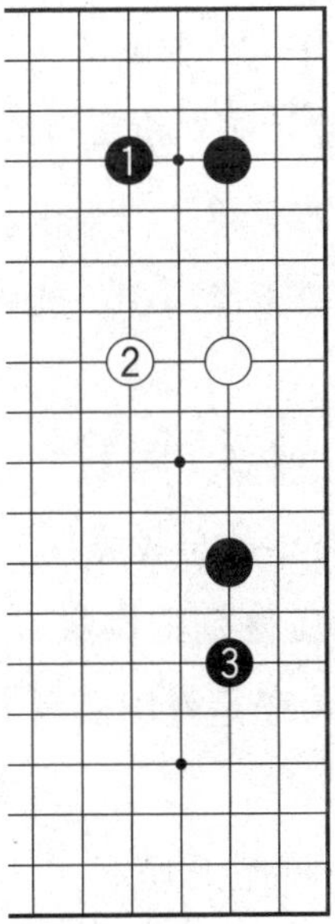

图2

专栏　围棋的别称

　　日本一直是用"围棋"或"碁"来表述，而在汉字的历史中和各国的表记方法、传说和文学里面，则有很多变化，呈现出多样化的表现方式。

　　历史上，围棋也写作**"棊"**和**"棋"**。

　　这种汉字是表意的象形文字，据说是因为围棋原来使用的棋子是木制的并装在盒子（碁笥）里。

　　后来，随着技术的进步，开始用"石"和"贝"（蛤是最高级的）来制作棋子，部首的"木"就变成了"石"。

　　围棋的本家中国至今叫**"围棋"**。

　　围棋开始在世界上传播是近代的事情，由于当时日本围棋是主流，所以国际上就按照"围棋"两个字的日语发音，用罗马字表记，读作"IGO"，也可以简称"GO"。

　　现在，国际交流日趋频繁，"IGO"成为增加世界各国棋友的关键词。

　　在传说中（仙人的游戏里面，围棋常常出现），仙人在下围棋，樵夫观战，不知不觉忘却了时间，待到起身离开之际，发现自己砍柴的斧头的斧柄已经完全腐烂——**"烂柯"**就顺理成章地成为围棋的别称。还有一个有名的传说，讲的是有人剖开一个大橘子，结果发现橘子里面坐着两个老人在开心快乐地下着棋——"橘中乐"也就自然地成了围棋的别号。

　　文学的世界就更加有趣，因为棋盘是四方的而棋子是圆圆的，所以围棋也叫**"方圆"**。因为黑子像乌鸦一样黑，白子像鹭鸶一样白，于是围棋又有了**"乌鹭"**的别称。

　　就我个人而言，很喜欢**"忘忧"**——在下围棋的时候，可以忘却世俗的烦恼忧郁，进入无我梦中的忘我境界。

　　不过，**"手谈"**应该是围棋最好的别称——下围棋的时候，是不能和对手进行语言交流的，于是就用棋盘上的每手棋子进行对话，沟通彼此的心意，契合你我的思考。

　　让我们去享受手谈的快乐吧。

第 4 章

骗着的对策

围棋的世界里有各种各样的下法。

经过数千年不断的研究，人们在功夫和知识的基础上，总结、归纳出"定式""本手""本形"这些行之有效通往正确道路的下法，这些下法都是人们认为是正确的顺序和棋形。

但是，就像世间里有表面上的大路，也有许多不为一般人所知的小路一样，"骗着"就是容易让人迷惑的小路。

其意图就是让对战的对手走错，落入陷阱，这种手段，自古以来就多有研究。

基本上来说，围棋如果能够正确地下出每一步，局面就会有利。然而，面临多种选择或复杂的棋形时，下出正确的一步是非常困难的，在迷惑之中我们常常会下错。

于是，如果能够将对手引导向容易出错的棋形或局面，对手失败的可能性就会大大提高，己方就能从中渔利。

不过，骗着的实施也不是那么简单的事情，不仅要学习那些庞大的变化，还要深谋远虑地构思方案，否则就很有可能偷鸡不成蚀把米。

另外，和"骗着"相似的一个词是"定式变着"，就是不按照定式行棋，而是在定式完成途中走出定式之外的一手。

"定式变着"和"骗着"不一样，后者是故意设下陷阱等着对方出错，而前者往往是出现了错觉或记错了定式等单纯的错误。

一般而言，一个局部的定式，如果双方都不出现错误的话，其结果是不分上下的两分，但是，由于定式数不胜数、变化无限，如何评价好优劣是很困难的。

常常有人这样说，"对方不照着定式下，太过分了"，或者"我下错了都怨对方"，这是不对的。

骗着也好定式变着也好，不好的不是实施着法的人，而是应对的着法或处理出现的错误下出恶手的一方。

围棋里不知道的手段和棋形数不胜数，定式到现在也是每天都在进化。要清醒地认识到肯定会有很多自己的知识和常识所不及的地方，掌握对未知的手段（新定式、骗着、定式变着）的妥善应对的能力是至关重要的。

首先让我们对骗着和定式变着在心态上有所准备。

• 对方下出没有见过的一手时不要紧张得不知所措（冷静下来对局面进行判断）。

• 不要情不自禁地还是按照自己知道的定式去下（不依赖含糊的记忆）。

• 不要一心以为对方下出定式变着或怪着自己就一定会得利。

为了不被骗着和定式变着所迷惑而导致失败，心态上就有必要做好这些准备。

举一个未必恰当的例子，我们可以把骗着当作是"欺诈"或"谣言"。

要想不被"欺诈"和"谣言"所骗：

• 不过于害怕或过于担心。

• 了解正确的信息，看穿谎言。

• 不要慌乱应对（有时可以无视）。

这三点同样适用于围棋。

即便上手或强手并没有特意去搞事情，但下手的一方也常常会自己出错，用平常心来看待也就很平常了。

棋盘上在应对时的基本方法如下：

• 应（防守、转身避开）。

• 反击（攻击、惩罚）。

• 脱先（无视这里利用先手走别处）。

如图1所示，到白8为止是基本定式，黑9是有名的骗着，白棋应该如何应对呢？

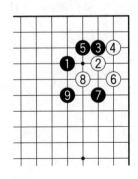

图1

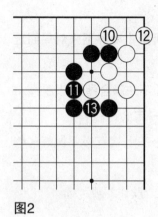

图2

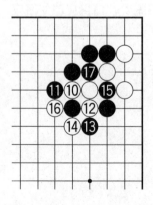

图4

图2中的白10到12，一心想着"不要被吃赶紧做眼"，这是**软弱的防守**。

图3中的白10和白12，有着向外面出头的心情，比图2要好，不过爬在二线所得甚少，比较难受。

黑11到黑13，走在宽广的外面并变得很强，非常满足。

无理一旦得逞，道理则将不存。

本来，图1中的黑9是想将白棋封锁的一手虚枷，但由于近在咫尺的白8的存在，黑棋的联络并不安全，棋形很薄。

这时，白棋为了追究黑棋的薄味，图4中白10到白12分断黑棋进行**攻击的意识非常重要**。

但是，白14打吃，黑15巧妙地反击，黑17切断，白棋中着落入陷阱。

这里，白14的切断是**击破骗着**的好手。

黑15粘进行防守，白16长出补强白14，黑❌一子自动被吃，白棋得到安定和加强。

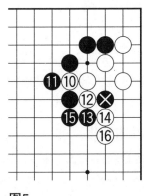

图5

外侧的黑棋虽然子力得到增加，由于留有两处断点，棋形虚弱。

图5中的黑15如果如**图6**，黑15打吃，白棋则在16双打吃。黑17吃掉一子，白18也吃掉一子，收获甚大。黑17如果走a位，则白b，没有问题。

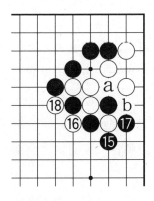

图6

定式也好，击破骗着也好，顺序和棋形至关重要。

顺序出错，就得不到想要的棋形，棋形出错，顺序也要随之改变。

到目前为止，我们笔下的骗着和定式变着好像无恶不作的坏蛋一样，其实，骗着和定式变着也有好的一面。

这就是告诉了我们，围棋没有绝对的一手和正解。

所谓的常识，就是这个人的感觉，所谓的定式，就是过去经验的积累，仅此而已。

棋盘是有着无限的可能性的，其中时时刻刻都在发生着变化。

为了应对这些变化，就有必要在经验的基础上，结合新的局面，让自己不断进步。

事实上，到现在为止，过去被称为骗着和定式变着的手段之中，不仅产生出了新的定式，由于AI的出现，我们过去认为是恶手的形和手段，其评价也被颠覆。

令人吃惊的是，为了本章的写作，我阅读了大量过去出版的有关骗着的棋书，江户、明治时代产生的**传统骗着脉脉相传直到今天**——由此可见我们人类的固执和因循守旧是非常顽强的。

很早以前就有句话，**"背会定式弱二目"**，意思就是警示我们，学会定式虽然重要，但是如果不能理解定式的意义只知道死记硬背，反而棋力会变弱。

因此，**"背完定式再忘掉"**这句话就很有意义了，它阐述了一个更加重要的道理，那就是，认真学习定式并记住固然重要，但在实战中，更要学会融会贯通，随机应变。

归根结底，**"名人无定式"**，这句话所体现的精神，就是不被经验和定式所束缚，自由地去寻找、探索最擅长的一手——在名人眼里，就从来没有什么定式和骗着。

围棋的本质就是怎么下都是自由的，让盘上的棋子体现出自己的心情和思考的那手棋是最漂亮的。

一味地过于拘泥于定式，那就变成了本末颠倒的"为下定式而下围棋"。

希望大家通过定式和骗着，感受到围棋的深奥，享受到围棋的快乐。

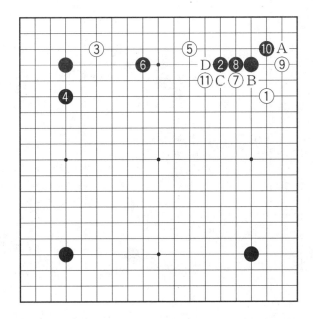

问题图

对让子棋的上手（对战对手）来说，总是下出令下手讨厌的手段来，其心理原因，就是上手希望尽快在盘面上找回由于让子而导致的被动，使不利的局面得以缓和。

这些手段和方法如果符合棋理，那就没有什么办法了，但是如果下出无理的骗着，对于下手来说，机会就来了。

问题图中的白11是符合棋理的一手吗？

反过来说是不是无理手呢？

根据判断，黑棋的对应也相应发生变化。

是否符合棋理，下面的几点非常重要。

- **参战棋子的强弱。**
- **棋子的方向（有没有发展的可能性）。**
- **盘上整体的优先顺序。**

很早以前就有这样一句话，"非理法权天"，意思就是，非行胜不过情理，情理胜不过法律，法律胜不过权力，权力胜不过天理。

围棋也是这样，学会合情合理的下法，战胜不合棋理的恶手，在自由的天地里翱翔。

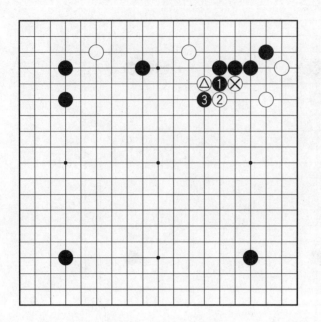

图1

我们可以看见，右上角的状况是白棋五子对黑棋四子，不过，白棋虽然看上去子力多，但横着排成一队的黑三子气很长，是非常强的棋子。

试图封锁黑棋的白棋，却都是单独一个子，各自为战，而白⊗一子更是只有三口气的弱子。

这里，黑1冲断，将最弱的白⊗和白△的一间撕裂开，是严厉的一手。

可以看到，由于有了黑1，紧了白⊗和白△的气，使其变得更虚弱了。

对黑棋的冲断，白棋只能挡住，黑3断，惩罚白棋的无理手，让白棋支离破碎。

切断对方棋子时的要领是：

• **切断弱子**。

• **切断价值高的子**。

• **分断大块**。

黑3的切断，将白棋一刀两断，痛快淋漓。

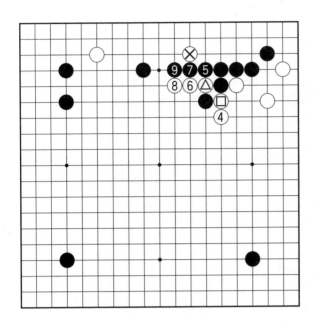

图2

图2（狙击弱棋）

　　白4长，加强白□，黑5则去严厉狙击另外一个弱子白△。

　　白6、8逃出，黑7、9将白⊗断下，战果显赫。

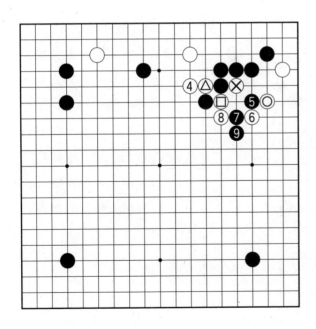

图3

图3（分断大块）

　　白4如果这边长，补强白△一子，狙击的目标就换成白□，这时，切不可眼红价值不高的白⊗。黑5对白◎进行缠绕攻击，将大块棋子分断成两块是好判断。

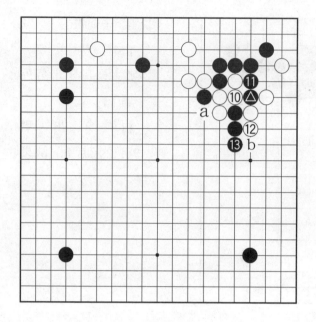

图4

图4（被断也不怕）

图3之后，即便被白10切断也不用害怕。黑11堂堂正正地救出被白棋切断的棋筋△，对白12，黑13长补强，接下来黑a、b见合，黑棋大优。

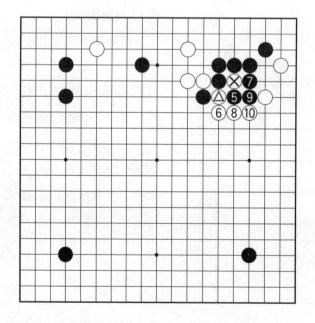

图5

图5（残子很小）

黑5这手棋，如果因为有双叫吃白△和白⊗开心得不得了，那是不行的。白6，棋筋白△逃出，**黑7吃掉残子白⊗很小**（黑7在白8位将白棋大块分断也很有力）。

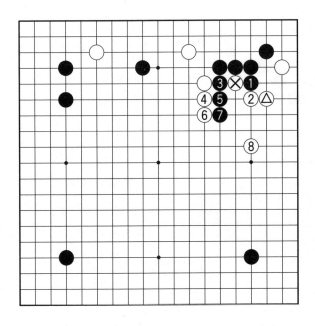

图6

图6（小飞冲断）

黑1虽然是狙击白△和白⊗的小飞的一手，但被白2挡住后，和图1不同，白棋棋形缺陷很少，成为好形。这种下法，可以说就是**小飞冲断是恶手的典型。**

白⊗一子价值很小，到白8，白棋得以转身。

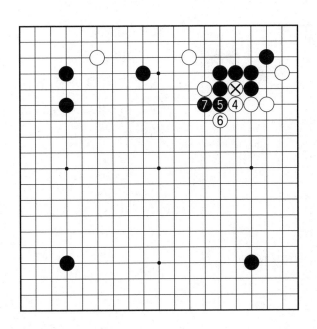

图7

图7（裂形是恶形）

图6中的白4，不能在意白⊗一子在4位粘救出。不然，黑5到黑7穿出，白棋被撕裂成为弱棋。

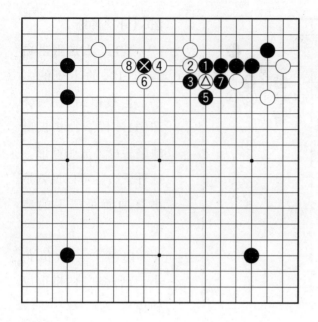

图8

图8（转换）

黑1的冲，也是小飞冲断的恶手，白2挡住时，和图1相比白棋强了很多。黑3切断到白8，白△和黑⊗被吃住，形成了**转换**。

本来黑棋在上边是强势，现在却被白棋控制，黑棋不满。

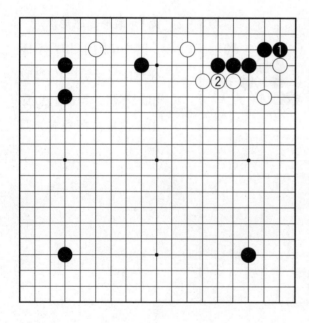

图9

图9（软弱吃亏）

黑1，觉得己方是弱棋，赶紧守住根据地，给了白2补强弱棋的机会。

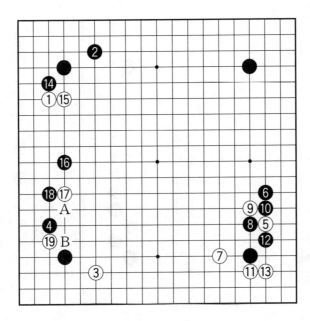

问题20 黑先

问题图

最能够体现出棋力强和棋力弱的差别，是对下面三个场面的把控能力：

- **棋子接触后的战斗和计算。**
- **结束战斗的时机（告一段落）。**
- **战斗结果的判断（形势判断）。**

我们把其中比较容易理解的棋子接触后的战斗和计算再细分一下：

- **哪些棋子是重要的价值判断（棋筋、残子）。**
- **吃棋或被吃的计算（征子、接不归、枷、对攻等）。**
- **死活的计算（根据地、眼形）。**

棋子一旦接触，就很容易发生战斗，很多场面都需要计算吃棋还是被吃。

骗着的常用手段就是，用碰、断等手法将局面导入棋子扭在一起纠缠不清的状态，从而诱发下手出错。

右下的接触战下得非常出色，现在局面转移到左下，对白19，黑棋应该如何接着？

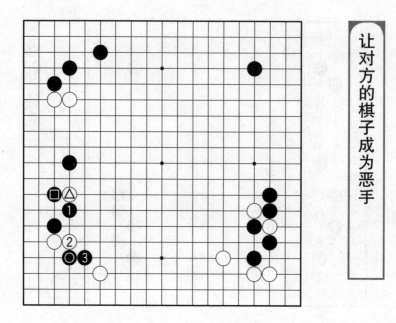

图1

让对方的棋子成为恶手

这道题其实非常复杂，是历史上有名的骗着，之所以选择它，是因为我们可以从中学到各种各样的思考方法。

我们先说结论，只要走A位或B位，就可以避免掉入骗着的陷阱。

重要的思考方法是：

• 让对方的棋子变成恶手（不成为好手）。

• 让己方的棋子不变成恶手（成为好手）。

首先，我们推荐黑1这手棋，让白△一子成为恶手，让黑■一子成为好手。

即便白2长，黑3也长，黑●一子得到补强，没有变成恶手。

右下的定式也可以参考，让对方的棋子变成恶手，这样就不会一上来便陷入不利的战斗。如果总是被对方的棋子牵着鼻子走的话，那距离失败就不远了。

所以，对白△、黑■的托，试图联络，是有问题的一手。

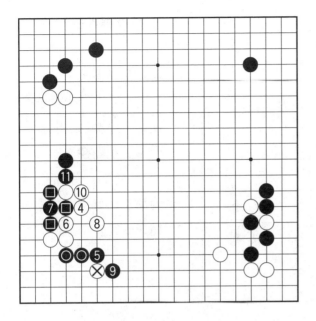

图2

图2（不被牵着鼻子走）

图1的继续，接下来，对白4，黑5、黑9一边强化黑⚫，一边让白⊗成为恶手，是极好的选择。

即便被白6走到白10，由于黑⬛的形状非常坚实，黑7、11进行防守没有问题。

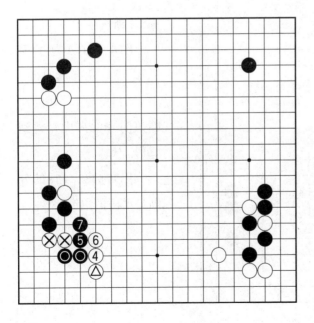

图3

图3（刺穿是好形）

如果白4、6补强白△的话，黑5、7出头，补强黑⚫的同时，攻击白⊗，步调顺畅。黑棋刺穿白棋，好形。

白棋被撕裂开，恶形。

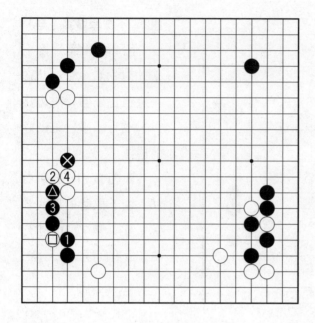

图4

图4（裂形中着）

黑 1 压 住 白 □ 一子，虽然是非常自然的一手，但是白2将黑棋分断是非常严厉的狙击。

由于黑▲变弱，黑3只好防守，白4粘住成为厚实的好形，黑⊗被撕开成裂形。

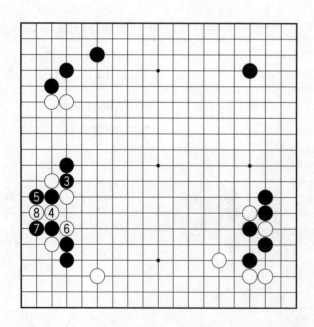

图5

图5（断一手……）

图4中的3为了避免裂形，只有黑3断一手，白4打吃到白6的切断兼防守的一虎，得到好形。

黑7逃出，白8的分断是严厉的追究……

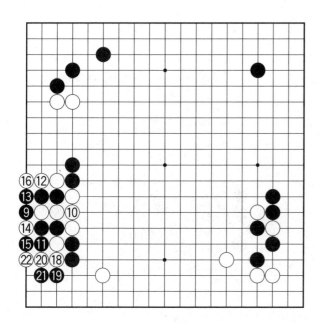

图6

 = ⑭

图6（上了大当）

黑9开始试图联络，结果上了大当。手顺很长，黑棋希望全部救活，但是由于本身气太紧，结果是全军覆灭。

一线不长气，最为危险。

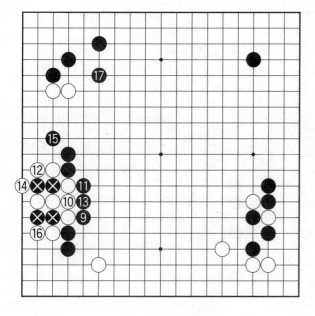

图7

图7（丢卒保车）

像图6那样，总想着"一定要救""决不能被吃"，反而更加危险。

这种时候，要学会"丢卒保车"，弃掉黑✖是明智的判断。

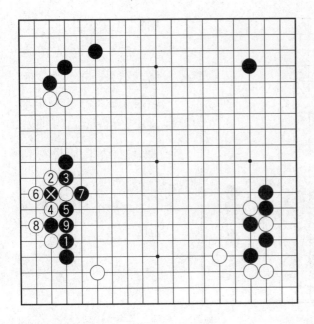

图8

图8（弃子破骗着）

回到图5，白4打吃时，黑5断，弃掉黑✗一子，封锁白棋，这是击破骗着的手筋，应该记住。

黑棋左边虽然被破，但是中央形成厚实的好形。

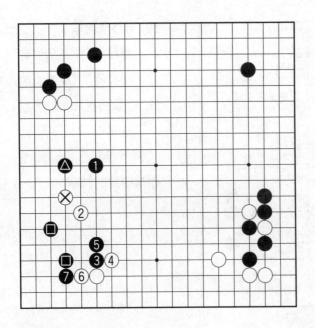

图9

图9（不要自投罗网）

话说回来，当初白✗打入的时候，黑棋软弱地托了一手希望赶紧联络，结果诱发出白棋的骗着。其实，黑△和黑▣一点都不比白棋弱，如果黑1以下堂堂正正地进行战斗，就不会落入白棋的圈套。

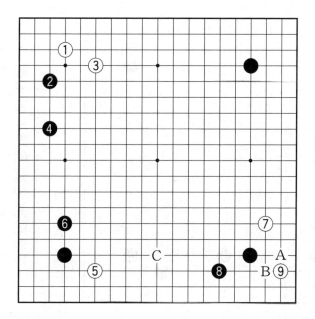

问题图

骗着之多，种类繁杂，数不胜数，总而言之有以下几点：

• 将局面导入棋子碰撞在一起的接触战诱发对方出错。

• 用模棱两可看不清的手法迷惑对方应对出错。

• **故意卖个破绽引诱对方出错。**

右下角的白9，是很早以前就有的骗着手段，最近在大棋战的顶尖职业棋手决赛中出现，一时成为话题。

白如果在A位小飞，联络坚实，现在居然选择多进了一路大飞进角，有意在联络上露出间隙。

相互之间的棋子一旦碰撞在一起，作为下手一方的神经就会格外紧张，十分警觉，而像这样模棱两可的手法，棋子并不接触而是隔有距离，**下手往往会情不自禁想当然地去应一手，结果常常是上当受骗。**

相互的棋子接触时，选择相对不多，而像白9这样保持距离的手法，就出现了多种选择，其优劣的判断也就变得更加困难。

问题图中，A～C，你选择哪一点呢？

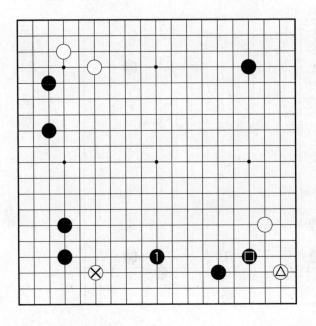

对方棋子有距离时是脱先的时机

图1

白△这手棋，没有接触到黑■而是保持了一定的距离，不仅影响力不大，而且还是处在低位的二线。

这种时候，就是脱先的时机。

黑1，补强右下角，并对白⊗构成攻击，是好点。有时候无视对方的着法也是击破骗着的漂亮手段。

第133页曾经讲过，棋盘上应对时的主要方法就是"应（防守）""反击（攻击）""脱先"三种。

性格和棋风（此人的棋的性质）的不同，导致每个人思考的出发点（第一感）不同，而从下手的心情来看，会从应一手（防守）开始思考。如果总是考虑"怎么应好"，可能就会忽略其他的下法，达不到最好的效果。

要想提高棋力，请一定按照下面的顺序进行思考："脱先会怎么样？"→"反击会怎么样？"→"脱先和反击都比较困难，那怎么应对好？"

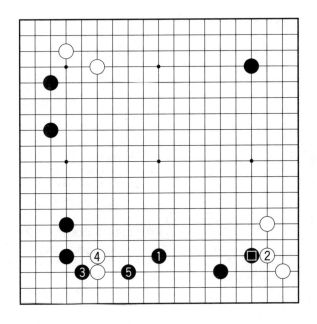

图2

图2（再下一手也无妨）

右下角白2，再下一手补强，对此，黑棋对黑■一子做出了如下判断：白棋的强子贴了上来，救援的价值已经不大，于是就再次脱先。**不介意对方的手段也不是多难的事情。**

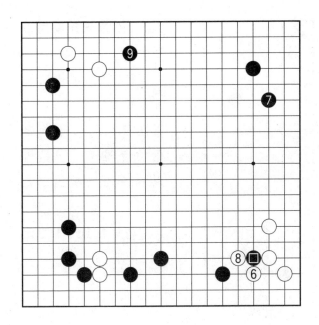

图3

图3（子效不高）

白棋继续顽固地白6、8行棋，黑棋依旧毫不在意，还是继续脱先，黑7、9抢占大场。

右下黑■一子虽然被制住，看上去白棋实地很大，其实，在这种狭小的范围内连下数手，白棋的子效非常低，形状也不好。

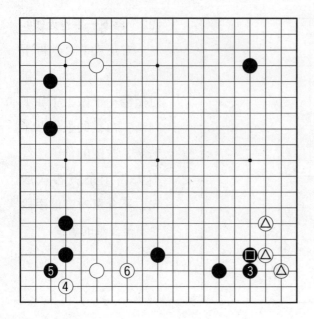

图4

图4（不要介意已经脱先过的地方）

下手的一方会觉得黑●变弱了，于是黑3补强，而白△是强子，所以可以从容不迫地在左下白4到白6行棋，得到安定。有一点很重要，对于已经脱先过一次的地方，那就不要再介意。

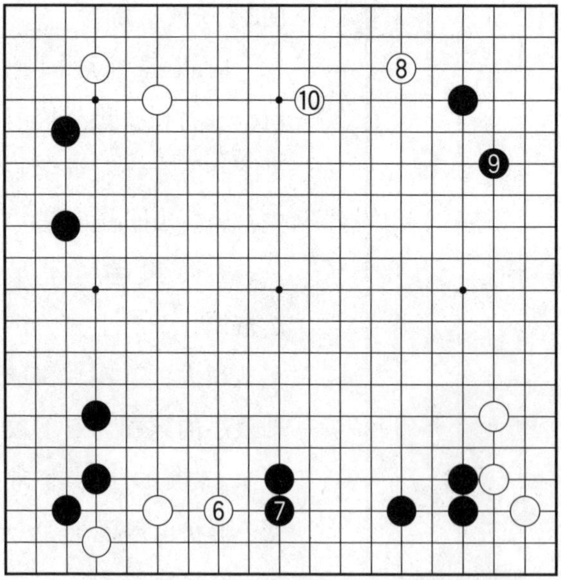

图5（不肯脱先局面落后手）

对白6，黑棋要确保根据地，很想在黑7玉柱守住门户，白棋全盘没有弱棋，于是可以白8捷足先登占据大场。

请仔细地和图3比较一下吧。

图5

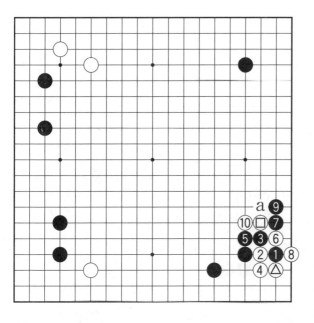

图6

图6（分断反击进行战斗）

黑1，将白□和白△分断严厉反击，但是，白棋早就准备好了一着，那就是白2的挖。进行到白10是十分复杂的战斗。黑9在黑a征子不利是白棋事先就计算在内的。

当然，如果征子不利，黑9是最强的一手。

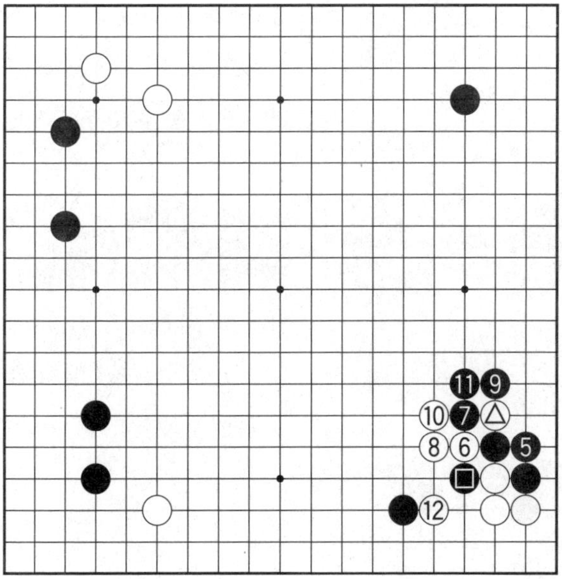

图7（上当被骗）

如果黑5防守的话，那就中着了。被白6一断，进行到白12，白△和黑■同样都被吃，但明显是白棋得分的结果。

图7

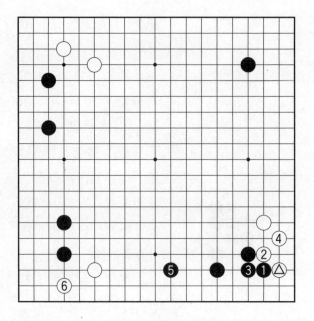

图8

图8（坚实防守）

黑1的应，是坚实的防守，白2补强被黑1弱化的白△是好手。黑3粘，坚固地防守，白4倒虎，告一段落。接下来黑5，是双方平稳的局面。

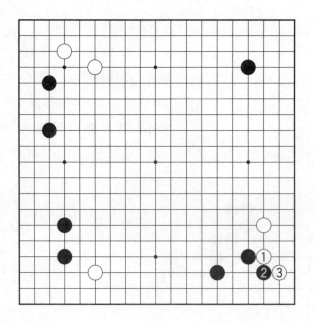

图9

图9（顺序变化）

实际上，问题图中的白9，在本图中白1的托是常见的侵入手法。黑2扳，白3也扳，还原成图8。次序尽管不一样，却出现了同样的形状，这就是说，很有可能错过了变化的机会。

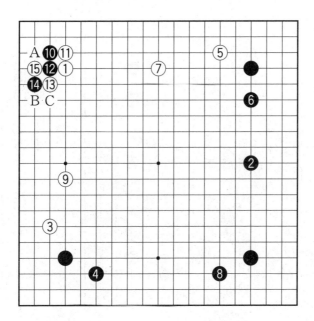

问题图

不仅仅限于使用骗着的时候，上手（强手）总是在以下几个方面非常留心在意：

- 让己方的棋子向价值高的地方增多。
- 让对方的棋子向价值低的地方增多。
- 让己方的棋子效率更好。
- 让对方的棋子效率不好。
- 吃掉价值高的大棋。
- 弃掉价值低的小棋。

认为骗着就是欺骗对方吃掉棋子的人可能不在少数，其实，如前所述，并一定是吃棋就便宜。

有时，弃掉己方价值低的棋子，让对方的棋子走向价值低的地方，使得对方的棋子效率不高——这是上手非常愿意做的一件事情。

下手因为吃到了棋子而兴奋，殊不知形势就在不知不觉中越来越差。

白15在B位或C位是通常的定式，现在居然断在会被吃掉的地方，其目的是什么呢？

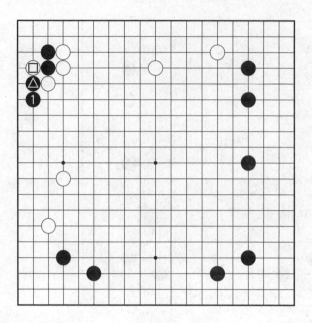

向价值高的地方长出是好形

图1

围棋用语的"长"，就是指棋子向高处宽处连接着直行，一般生活中，用到"长"这个字时也令人有好感。

比如"长高了""还有成长的空间""成长茂密"等。

黑1就是这样，从黑▲向宽广的地方前进，是加强自身的一手。

黑▲本身只有两口气，加上黑1一子，变成四口气了。

同时，由于出头的方向是左边宽广的空间，还起到了侵消白棋模样的效果。

问题是，现在的状态是白▢一子将黑棋切断，发生接触战的左上角，黑棋和白棋都是四个子，势均力敌。

然而，黑棋的两组二子都是连接在一起的，与此相比，白棋则是二子连接，另外都是独自各一子，是有毛病的弱棋。

黑1的这手棋，看上去好像有点呆板，其实，像这样默默地长一手常常是好手，请大家一定仔细品味其妙处。

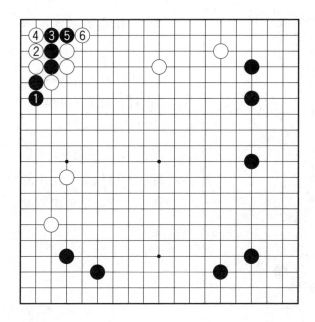

图2

图2（长气则强）

白2打吃进行攻击或许令人担心，然而，黑3先长延气，随后白4的长是要点，延气的同时紧了黑棋的气。

黑5拐出想出头，白6挡住。

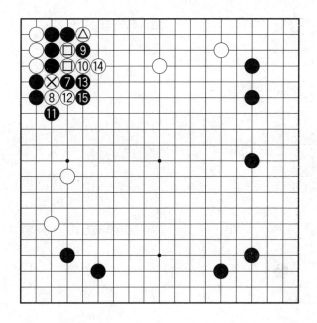

图3

图3（狙击对方的弱点）

跑不出去被封住的黑棋，气也很紧，但是不要放弃。对方的白⊗、白□、白△也是气紧的弱棋，瞄准其弱点和毛病，黑7、9出击，进行到黑15，白棋被征死。

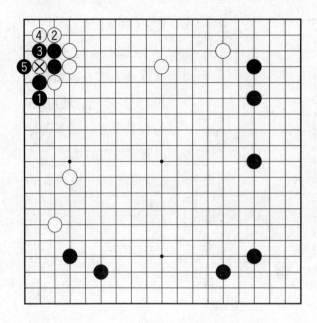

图4

图4（出头兼做活很满足）

白2打吃的话，黑3拐打，接着白4黑5，不仅吃掉白⊗一子确保眼形，黑棋还出头在外，而白棋走在狭小的角上，这一结果黑棋满足。

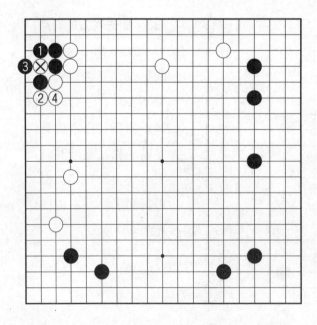

图5

图5（去吃弃子，上当受骗）

黑1如果去吃白⊗一子，白棋的弃子作战的骗着成功。

白2打吃，黑3不得不提子，白4防守粘住，白棋在外，黑棋在内，和图4相比，差别一目了然。

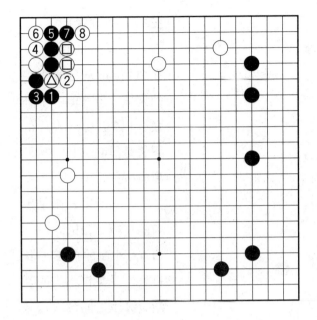

图6

图6（帮倒忙）

"先手走了再说"，黑1打吃，让白△和白囗联络在一起变强，是帮倒忙。结果黑3补断，而外面的白棋已经变强，进行到白8，黑棋被吃。

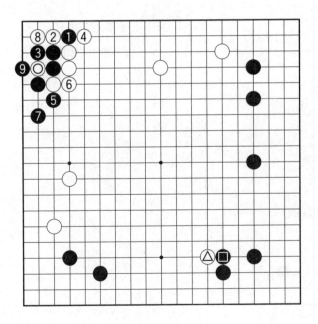

图7

图7（征子有利时有力）

如果有了白△和黑囗交换，图3的征子就成为白棋有利的场合，白◎的断这手棋就成为有力的手段。这时，黑1是手筋，避免了图5那样被白棋封锁，进行到黑9，双方平稳，各自安定。

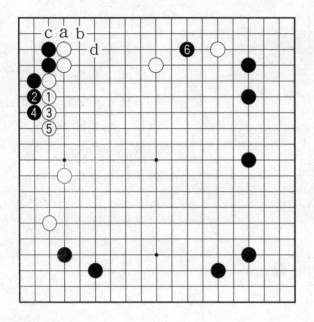

图8

图8（基本定式1）

问题图的白15，在白1位长是普通平稳的定式、黑2爬一手补强，白3之后，现代的下法是黑4、白5，然后黑6脱先它投。

过去的定式则是黑4在a位扳，白b，黑c，白d，外面的白棋形状良好，是黑棋不满的判断，高手之间没人这么下了。

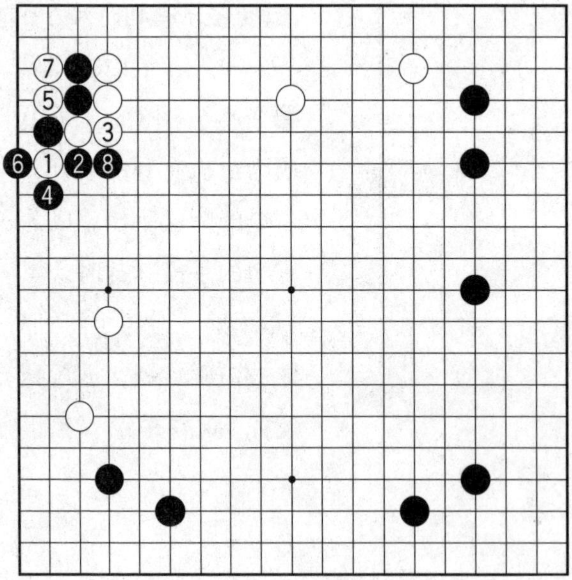

图9

图9（基本定式2）

白1的连扳也是有力的定式。一气进行到白7，黑8则是局部的好点。

专栏 围棋和性格

世界上有着各种各样的游戏，其中，围棋是特别能够表现出性格的游戏。

人的性格也是多种多样的，比如：

- 开朗的人、内向的人。
- 强势的人、弱势的人。
- 利索的人、磨叽的人。
- 积极的人（过分的话不得安宁）。
- 消极的人（往好说是坚定）。
- 粗心的人（往坏说是马大哈）。
- 细心的人（往好说是周到）。
- 勇敢的人（往坏说是无谋）。
- 胆小的人（往好说是慎重）。

稍微想了一下就有这么多，细分起来应该还有不少。

为什么游戏能够反映出这些性格呢？那就是因为围棋是非常抽象的游戏，而每一手又都是自由的，变化无穷。

而且，对于状况判断和战略构思等，很大程度上取决于对局者的思考，没有绝对的正解。

如何把握局面，如何判断，如何去行动，这些都是因人而异的，更何况，还是两个人之间的你来我往，变数之多，难以预料。

从这个意义上讲，说围棋是一项智力运动应该没有错。

什么样的性格适合围棋，这是很难一概而论的，不过，**凡事都要讲一个度**，过犹不及。

强势的人，听上去很给力，如果当自己的棋子处于弱棋的状态时，还采取强势的态度那就很危险了。

弱势的人，感觉不大适合胜负输赢的事情，然而，由于慎重，不走无理手，无形中减少了风险，可以坚实地进行战斗。

无论是哪一方，这里都有一个共同的请求，那就是**笑容满面地去享受围棋带给我们的快乐**。

最近，体育的世界里，已经判明，那些总是记得将笑容挂在脸上的运动员，成绩会更好。

悲观、压抑的人，构想也往往是向后看。"福临笑家门"，大家在实践中去实际体验笑容带来的效果吧。

专栏　围棋进步方法

在第88页里，我虽然说"没有长棋的药方"，但是，只要你努力，提高水平由弱变强的方法当然还是有的。

顺便说一下，表示围棋强弱的词是"棋力"。

每位棋手给出的增加棋力的建议都不同，这里就说说我自己的想法，供大家参考。

- 感觉到乐趣而坚持。
- 不管棋力高低和很多人对局。
- 阅读自己能够理解的棋书（棋谱、死活题）。
- 有围棋朋友（棋友）。
- 跟良师（师匠）学习。
- 坦诚和逆反心。

大家可以把自己能够做到的列出来看看有几条。

首先，非常重要的就是，无论你想做什么，感受到乐趣就会一直坚持下去。

如果觉得没有意思那是不可能持久的。

围棋之所以让人感到快乐，其中一点就是对局，根据自己的喜好选择对手是不对的。

强也好，弱也好，跟不同的人对局可以学到很多东西。跟高手对局即便输了，"跟您学了一盘，非常感谢"，抱着这种谦虚、坦诚的心情，收获就会越来越多。

多读书，可以得到新的知识、新的发现。

不过，理解不了的话就没有什么乐趣可言了。

死活题之类的，最好选择那些自己稍微想一下就能够做出来的，反复练习很重要。

棋友和良师是一生的财富。以诚待人，有礼有节，你的周围自然就会聚集很多好朋友。

最后，关于"坦诚和逆反心"，我的师匠大窪一玄先生曾经这样对我说过："水间君，不要对我的话总是'嗯、嗯'地点头称是，要有自己的想法。"

坚定地持有自己的想法去学习、思考，你的棋力就一定会得到提高。

第 5 章

形勢判断

围棋里有"形势判断"这句话。

意思就是，对**形的趋势进行判断**，综合盘上的各种因素，思考到底是"哪方好呢"，还是"势均力敌的局面"。

可能有人会想，如此复杂困难的事情，我们这样棋力低弱的人怎么能够做到呢？这样想就大错特错了。

正确的形势判断当然是很难的，不过，**谁都可以根据自己的水平进行形势判断**。

一开始不必过于较真，差不多就可以了——去尝试做的本身是非常重要的，慢慢地你就会抓住窍门。

为什么要进行形势判断？那就是要对现在的局面有一个清晰的认识，在思考今后的作战和展开的基础上，成为你行动的指针。

打个比方，就像航海时的装备、海图等，"燃料和食品有多少？""敌人在什么地方？友军在不在？""哪里最值得期待？"掌握了这些，旅行就没有问题了。

形势判断的要素大致有以下三点：

• **各自棋子的强弱判断（健康状态）。**
• **各自实地的计算（现金）。**
• **剩余空间的权利（厚势、信用、股票）。**

棋子的强弱和人的健康一样，是非常重要的。说到底，如果没有棋子，什么也做不成。

现在这个节点，不管有多少实地，如果有块弱棋，将导致今后的进行有很多不安的因素，实地将会缩水。

反过来，强子很多，可以强势地进行战斗，实地也会随之增加。

实地就是"现金"。 棋子再强再健康，没有现金也会不安。

自己现在手上有多少现金，对方手上有多少现金，据此的应对也会相应不同。

剩余空间的权利就是"厚势"，也可以说是信用或股票，虽然现在这个节点还看不到利益，根据本人的运作，就会成为将来获益的要因。

棋子的强弱和厚薄判断是非常困难的课题，这一章里，我们聚焦在下面这个方面：**只要掌握了要领，谁都可以明确无误地进行"实地的计算"**（数空）。

在此之前，我们先问大家一个问题，"实地"到底指的是什么？"我下了这么多年的围棋，还能不知道吗""我是有段位的，当然知道"——有人肯定会这样想。

然而，我对围棋的了解越深，越想越觉得，"实地就像虚幻渺茫的东西，不知道它的本来面目。"

我们再进一步具体地说明一下，"只有当对局结束时，盘上的实地才能够最后确定"，而在此之前，只能说是"能成为实地的场合"，这样想应该比较恰当吧。

你觉得是自己的实地，而对方强行打入最后被洗劫一空的情况时有发生。

发生这种情况的原因，就是主观上一心一意觉得已经是自己的实地，结果在之后的应对中出现错误而造成的。

当我们问实地是什么的时候，回答常常是**"用棋子当墙壁围出来的空间"**，那么，我们看一下，图1中四个角上黑棋围起来的空间是不是实地。

另外，中央广阔的空间是白棋的实地吗？

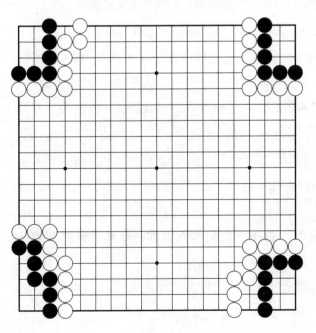

图1

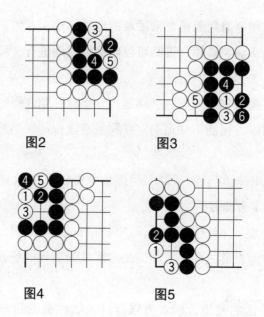

图2　　　　　　图3

图4　　　　　　图5

首先，我们给出**正确攻防**示意图，形成**图2～图5**那样是正解。

每个角上的黑棋都有6目的空间（类似实地），然而结果却大相径庭。

图2的黑棋，由于气紧，白1托入是好手，到白5，黑棋被吃。

图3则不同，外面幸运地多出两口气，白1依然托入，到黑6，侵入进来的白棋被吃，防守成功得到实地。

图4，黑棋的气介于图2和图3之间，白1点入，形成劫争（劫胜的一方得到实地）。

图5，和前面的棋形不一样了，白1点入，到白3，成为双活（对方如果要吃棋的话自己先被吃掉，所以谁也不能出手，空间里的实地不被计算），这是**双方最善**的结果。

但是，**是否能够下出正解，仅限于对局者双方都必须和示意图下的一样**。

途中一旦出错（和正解相比或许本人觉得自己的是正解），明明是活棋也有可能被吃掉，而明明已经吃掉的棋子也许又会绝处逢生。

另外，如果白棋不出手不打入，这里能算是黑棋的实地吗？

归根结底，"实地"和"棋子的死活"的计算结果，只有下到终局，经过双方确认并意见一致后才能最后确定。

图1中央和边上的白棋规模巨大，即便是职业棋手也无法计算。

那么，"我们依据什么来对实地进行判断呢？"对于这个疑问，我讲一下我自己判断实地的大致方法。

- 规则上一方不能落子的地方（禁着点）。
- 自信该空间是即便对方进来最后也能够吃住的地方。
- 自信盘上对方的棋子最后一定能够吃掉（死棋）的地方。

这种地方就可以看成自己的实地，而为了成空，以下两点很重要：

- 棋子坚实的墙壁（棋子的联络和气是关键）。
- 墙壁围出的空间里配置有己方的棋子（急所、补棋），即使对方打入也可以吃掉。

这里重要的是，在实战中当出现了觉得是自己的实地而又不能把握的地方时，带着自信去试一下。

图6中黑棋的墙壁像铁板一样坚实地联络在一起，没有间隙，在黑△的急所补一手，成为实地。右下角，白1如果紧气，黑2补棋就没有问题了。

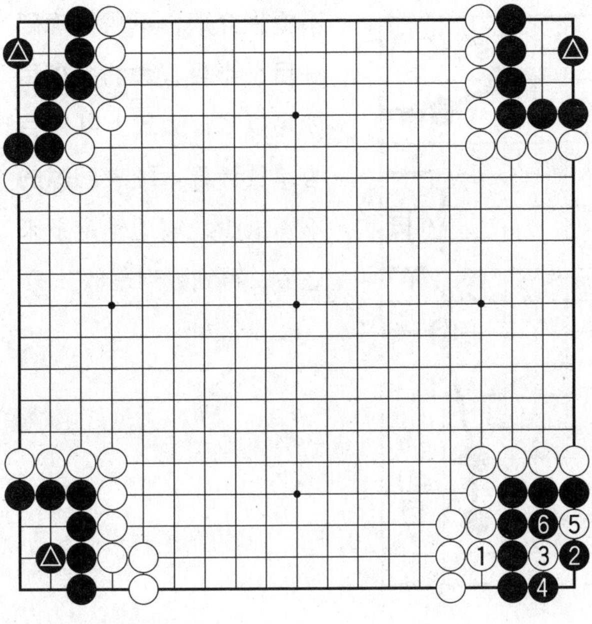

图6

当然，棋局一开始的时候，是不可能像图1或图6那样，棋子都牢固地焊接在一起的。

布局阶段，不仅棋子不多且分散在各处，就是到了中盘准备围空的时候，棋子的墙壁上多少都还有漏洞或间隙。

所以，在一定程度上，可以把棋子围出来的空间看成是将来能够成为实地的根据。**实地的根据也叫"模样"或"阵营"**，敌人很难打入进来的地方叫**"地模样"**，如果确实围住了，那就叫**"确定地"或"实地"**。

最初是模糊不清的的界线，渐渐地在模样和阵营的间隙之间增加棋子，越来越密，间隙也就越来越小，棋子的墙壁逐步形成，最后成为实地。

形势判断时实地的计算要领如下：

- 想象相近棋子的联络路线。
- 想象棋子和棋盘边线的联络路线。
- 联络路线和棋盘边线围出来的范围就是实地。
- 联络路线的内侧（狭窄的一方）可以看成实地。
- 实地是1目、2目数出来的，然后加在一起得出总数（参考第12页）。

间隙多的场合和尾数不要太介意，不用精确到一目、半目，大约多少目就可以了，大致上以10目为单位计算。随着间隙的不断减少，实地确定下来之后，再细数到尾数。

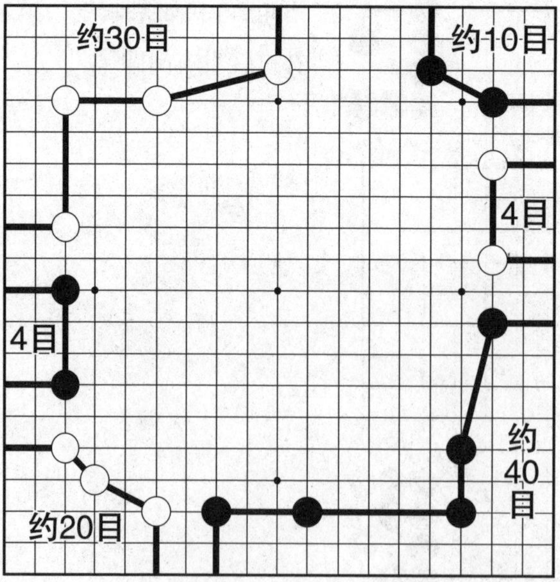

图7

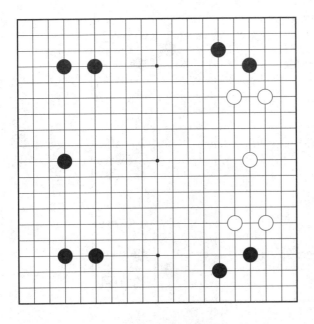

实地的大致计算

问题23 黑先

问题图

还记得这个图吗？

这是第8页的图4的局面。

下面的4个问题是黑棋白棋各自模样、阵营的计算问题。

当然，棋形上到处都还有间隙，大致就可以，和算术题不一样，得不出一致的准确答案也没有关系。

从思考方法上来看，去发现棋子联络之后的模样和阵营的线**最为重要**，然后据此就可以**判断出模样和阵营"在哪里？""有多少？"**

习惯成自然，慢慢我们就会看到棋子之间大致上的联络路线，就会这样思考，"这里的黑棋模样差不多总有这么多数目吧""白棋这里的数目大约这么多""双方的模样和阵营大概是这个目数，那么下面的作战要这样进行……"

另外，**对于模样和阵营所构成的界线，发现它的间隙，我们就可以找到下一手的所在。**

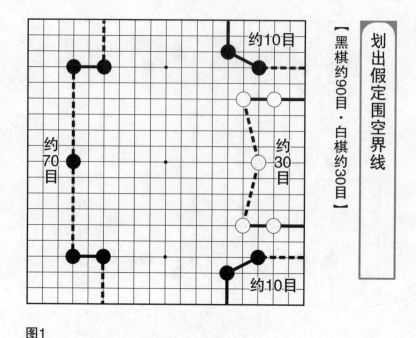

划出假定围空界线

【黑棋约90目·白棋约30目】

约10目

约70目

约30目

约10目

图1

这个数目是非常粗略的，目算厉害的人看到估计会有异议，不过，**开始的时候像这样粗略地计算就可以了。**

关键的一点是如第12页和第168页中所提示那样，要能够**"想象出假定围空的界线，发现并划出所设想的模样和阵营的范围（面积）"。**

同时，假定围空的那条线，根据棋子的距离和强弱，其强度也会发生变化。

"棋子和棋子"或"棋子和边线"，彼此之间的距离还很远，界线还是模样的阶段，我们用连接的虚线来表示（破线，左边和右上、右下）。

"棋子和棋子"或"棋子和边线"，彼此之间的距离靠近之后，界线已经比较紧密，接近实地，我们用断开的虚线来表示（右边中间）。

棋子一旦完全联络在一起就很容易转化为铜墙铁壁，我们用连接在一起的实线来表示。

模样的标准是"棋子和棋子"或"棋子和边线"间隔在三路以上的空间。

实地的标准是"棋子和棋子"或"棋子和边线"间隔在二路以下的空间。

哪些棋子和哪些线连接在一起构成模样，大家可以进行各种尝试。

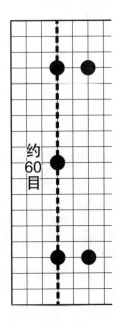

图2

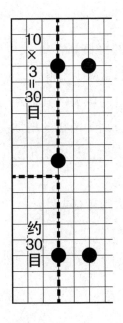

图3

图2（四角方形用乘法计算）

假定围空的界线拉长之后，就可以看到模样或实地的范围，计算其中的面积就是数空，对一个很大的范围如果一目一目去数的话非常麻烦，所以找出四角方形来用乘法去计算，又快又不容易出错。

要领就是把凸凹不平的界线切割整理成四角方形，**宽×高，得出的数字就是目数**。另外，如果能够利用19路盘的特性，那就更快了。

黑棋的阵营很大，左边切割整理后，19路线有3条，19跟20差不了多少，先算作20好了，20×3，大约60目，是不是一下子就数出来了。

图3（数目方法不止一种）

另外一点大家应该都知道，那就是**棋盘边线到19路盘的中间星位正好是10路**。

切割整理成四角方形之后，剩下的部分就用加法计算——数目的方法是多种多样的。

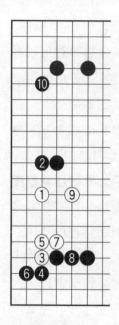

图4

图4（模样就是模样）

说过好几次了，模样就是模样，模样不是实地。

模样是有间隙的，对方乘机而入的时候，目数当然就会减少。

白1打入，可以预想到黑10的进行，黑棋模样大幅度缩水。不过，另外一面，其他地方的黑棋得以增加，模样转为确定的实地。

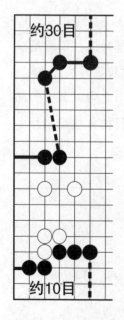

图5

图5（从模样到实地）

图1的时候，左边的模样概算有70目，到了图4，白棋打入后，目数减少了很多。

但是，还有子力少且间隙大的其他地方，比如左上和左下，也因为黑棋的增加而从模样变成了确定的实地，从这个角度看，也没有什么不满。

图5，数一下的话，大约还有40目。

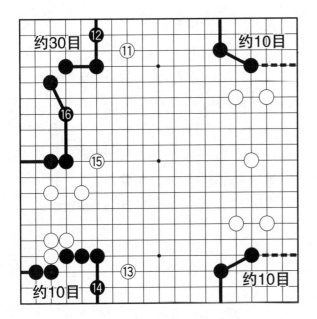

图6

图6（实地长目不大）

为了确保图5中左边一带40目的实地，对白11、13、15，如果黑棋12、14、16跟着应，虽然保住了目数，但是从全盘来看，价值并不大。

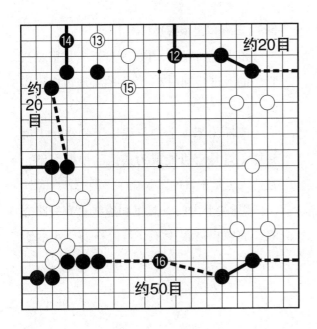

图7

图7（实地等于强棋）

一旦成为实地，棋子的力量就非常强大，根本不需要防守，对方即便进来也损失不了多少。黑12开始攻击，然后黑16转向大场，下边的模样膨胀起来。

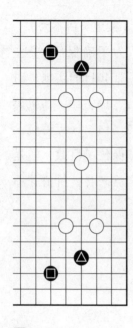

图8

图8（角上变化大）

图1中右上和右下都是小飞守角，我们假定实地是10目，其实这个假定的计算是非常脆弱的。

黑▲和黑■之间隔着一路，黑■和边线之间有二路，看上去狭小紧密，白棋很难进来的样子，不过黑▲和边线之间却有三路之隔，况且，白棋在不远处虎视眈眈。

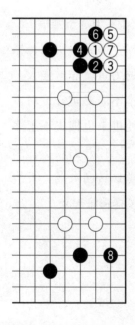

图9

图9（三路以上很容易打入）

角上空间宽广，白1一旦打入是很难被吃住的。进行到白7，角上的实地被白棋掏走。

模样（基本上是三线以上的空间）说到底不过是有可能成为实地的根据而已，被打入也是正常的。

黑8关上大门，黑棋和边线只有一路之隔，间隙也就很少了，可以得到不小的实地。

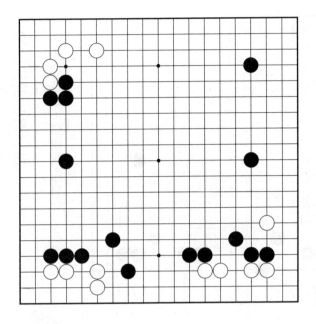

实地的大致计算

问题24　黑先

问题图

在前面的专栏里面我说过，我的故乡是叫奄美大岛南国的农村。

到了夜里，没有什么光亮的乡村，满天星斗无边无际。

在闪闪发光的星星中寻找星座是件非常不容易的事情，除了比较容易认识的很有名的猎户座，我认不出别的来。

棋盘上也是一样的，随着棋子增加，黑棋白棋相互缠绕在一起，的确很难看出模样。

这时，看出、分清模样的要领是：

- 过于遥远的子不划线。
- 对方有强子的地方不划线。
- 不在意对方的弱子。

哪些棋子强，哪些棋子弱固然是个很微妙的问题，凭自己的感觉就好，努力分辨并抓住它。

问题图是第19页的图2，白棋的实地很容易计算。

巨大的黑棋模样又该如何计算呢?

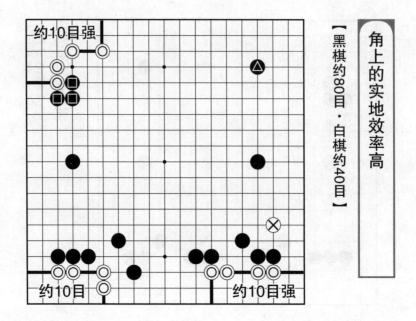

图1

首先，这个局面里，白◎围出的实地一目了然。

白棋不仅各自的子力很多，气也很长，联络也很坚实，棋形牢固，黑棋侵入的可能性几乎不存在。

黑棋进不来的地方，就可以看成是白棋的实地。

另外，各自的白◎在角上构成的阵营，对于成空是非常有利的，**利用角上和边线，模样或阵营的效率高**。

基本上，模样或阵营的"形"是棋子的线和边线围出来的四角形（有四边的形）。

角上本来就有两条边线，把剩下两个边守住就行了，而边上则是有一条边线，那就占据剩下的三个边，构成阵营。

如果要在中央构成模样或围出实地，那就非常困难了，因为四条边都要有棋子才能形成阵营。

白◎们在各自的角上都有10目强的实地，大致算白棋有40目好了。

问题是白⊗和远处的黑▲和黑■该如何判断呢？

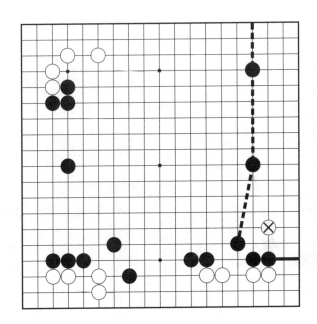

图2

图2（弱棋不用在意）

图1中的白⊗一子，孤零零的，周围都是黑棋，很明显是弱子。对于这种弱子根本不用在意，像本图所示，可以无视其存在，痛痛快快划出一条线。

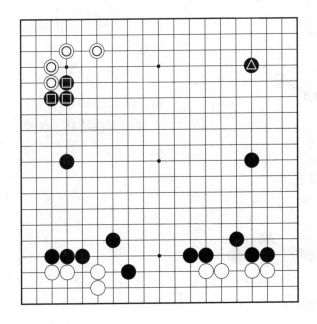

图3

图3（遥远的棋子不连接）

另外，黑▲和黑▣的距离非常遥远。

数一下就知道，黑▲和黑▣之间有11路之多。同时，还有出头在外坚实的白◎，这也是难以划线的一个理由。

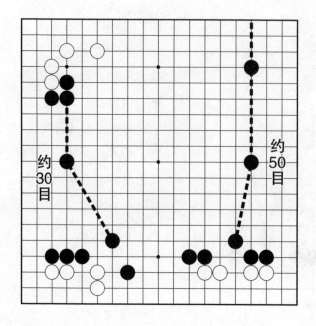

图4

图4（适当地划线）

综上所述，现在这个节点，黑棋模样的连接线如图所示。

左边大约30目，右边大约50目，黑棋模样差不多合计80目。

或许会觉得怎么这么少呀——要看到中央一带的发展性是无限的。

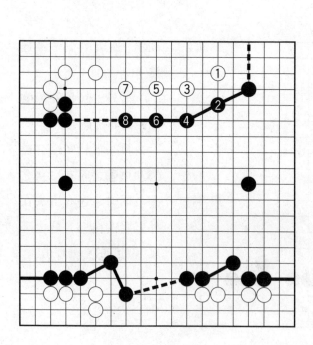

图5

图5（填补大的间隙后划线）

例如，白1挂角的话，黑2到黑8，一旦巨大的间隙被填补，转眼就是100目以上。

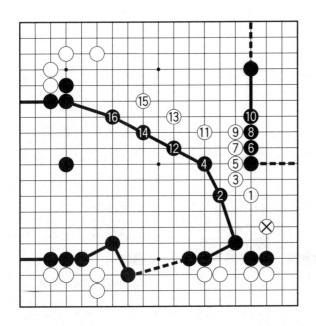

图6

图6（飞镇攻击）

虽然白⊗很弱，但白1出动的话，也是很难吃掉的。

但是，黑2的飞镇、黑4的飞，非常灵活，新的模样又可以划出连接线了。

而右边开始到右上角的模样也随着子力的增加得到巩固，这是愉快的攻击带来的效果。

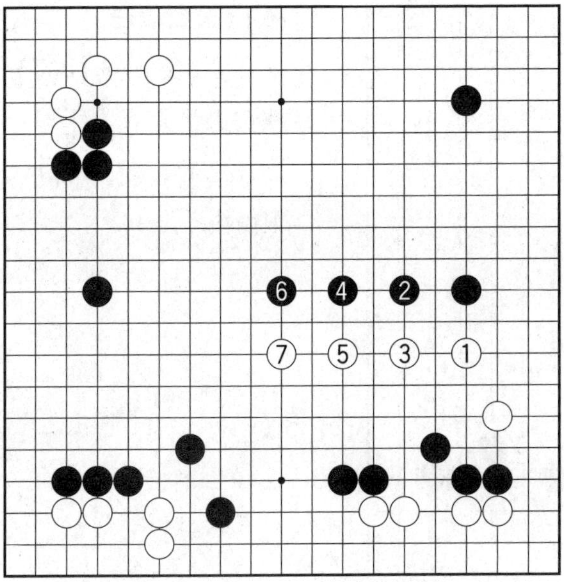

图7

图7（连接线被断模样削减）

让白棋顺利出头的话，黑棋的连接线被切断，大模样被削减。

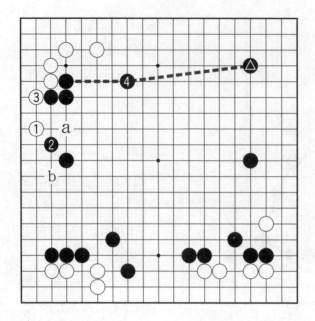

图8

图8（打入对策）

白1之后白3联络，然后有a和b的见合，是有力的打入手段。

简明的对策是黑2尖允许白3联络，从而得到先手，黑4可以捷足先登。

一旦有了黑4，和黑▲之间的间隙变小，连接线就容易划出来了。

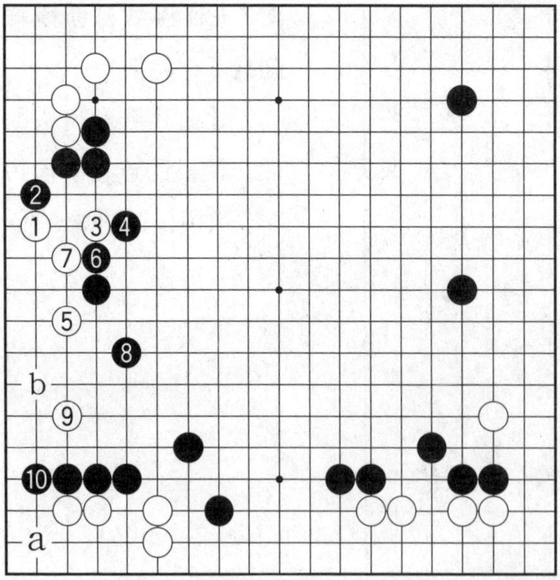

图9

图9（分断攻击）

黑2尖顶进行的分断攻击也是有力手段，黑10之后，黑a或黑b，很愉快。

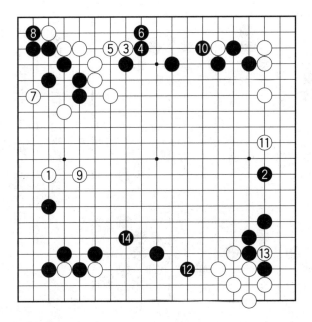

问题图

形势判断的时机非常重要。

最佳的时机基本上是在：

• **布局或作战告一段落实地确定后的时候。**

• **是战斗还是相安无事的时候。**

• **决定打劫或转换的时候。**

形势判断在一定程度上是需要时间的，不过总是没完没了地去想就没有头了，也会给对方造成不快。

这里推荐一个方法，那就是**"在对方长考的时候进行形势判断"**。

对方长考的时候，不要无事可做去想什么"好闲呀""就不能快点下吗"，而是利用这个时间去判断棋子的强弱、相互实地的大小。

问题图是第113页的图3继续进行了14手，双方的实地都得到巩固的局面。

这个时候就该进行形势判断，把握现状就容易决定今后的作战方针。

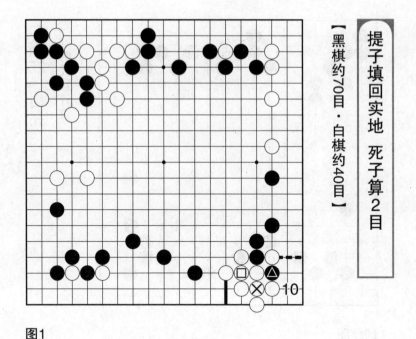

【黑棋约70目·白棋约40目】

提子填回实地　死子算2目

图1

在计算实地的时候，并不是一眼看上去那么简单的事情，不仅仅要数实地，还有其他要素。

因为还存在着：

- **从盘上提走的死子。**

- **一方的实地内净死的棋子。**

常常有人在形势判断时只计算盘面上的实地，结果在整理完盘面数棋后发现还有死子没有算进来，"输了，被提掉的死子太多了……"要知道，**提掉的死子也是目数，必须要填回到实地里后进行计算。**

白□是白棋在打劫的过程中相互提子的地方，你来我往**死子相互抵消无须计算**，这样减少了麻烦省却了时间，是正确的计算方法。

黑▲一子是早晚要被提掉的死子，实地一目，死子一目，按照2目计算。

这样，右下角的白棋约10目。

［注：中国规则和日韩规则在终局的数棋方式不一样，在不包含黑棋贴目的情况下，两种规则的数棋方式如下：中国用的是"数子法"（单官有用），对局双方应得点数为总点数361的一半，即180.5点，多于此数者胜。日本用的是"数目法"（单官无用），只计算双方所围的实地目数，同时必须将对方的死棋和已提掉的死子填回对方空里，目数多者胜——译者注］

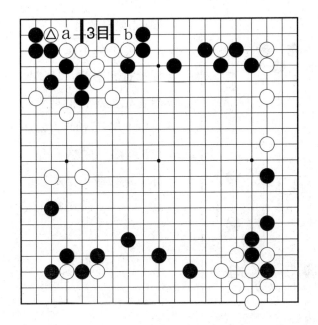

图2

图2（双方都有棋子的地方划线要自控）

左上的白棋，因为左右都有黑棋，黑a可以抱吃白△一子，黑b可以蚕食白棋实地，如果最大限度划线的话，那就有点过于贪婪了。保守地划出假定实地的界线是一般的常识，所以这里的白棋实地是3目。

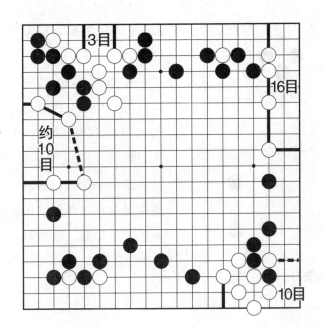

图3

图3（白棋约40目）

右上8×2是16目，加上左上的碎目3目，约20目——整数易于计算。左边4×3=12目，四舍五入就算10目。白棋10+20+10，约40目。

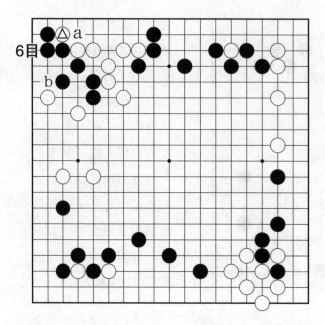

图4

图4（见合数目）

左上的黑棋由于白棋迫近在眼前，计算虽然比较困难，但是我们可以把黑a位抱吃白△和黑b位挡看成是见合，你下这边我就下那边，这样可以算作6目左右。

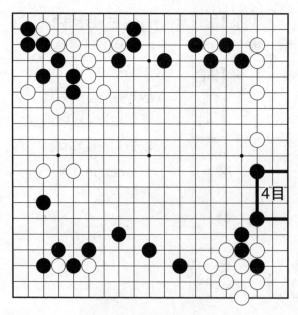

图5

图5（碎目相加目算方便）

右边的黑棋二间拆，棋子和棋子到边线的界线划出后，约为4目。加上左上角的6目，正好是10目。适当地将尾数相加得出以10为单位的整数，目算就会更加轻松方便。

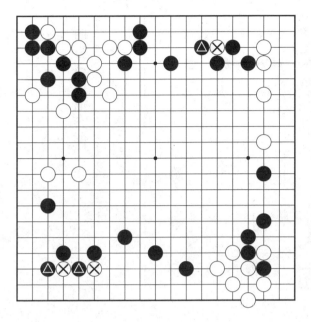

图6

图6（相互抵消的计算）

上边和下边的黑棋都很大，白⊗这些对方净死的棋子和己方的黑▲，坑坑洼洼不平整，不太容易计算。

这种场合，"死棋等于提子，加分"和"实地里的己方棋子，减分"，计算的时候可以相互抵消，这样就非常容易了。

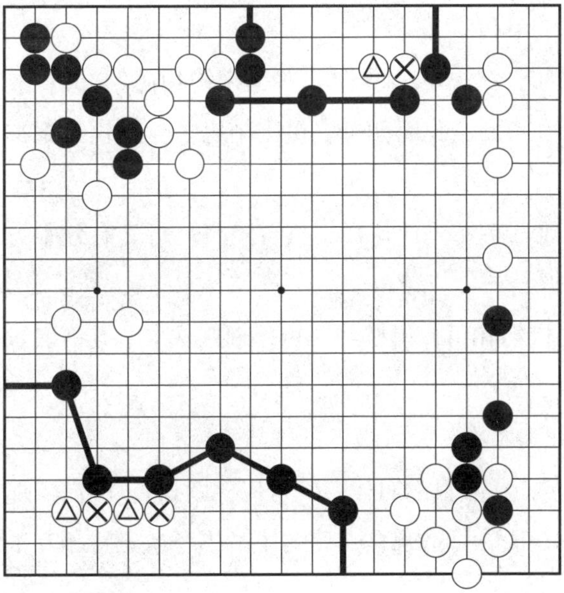

图7（去掉碍事的棋子，找出四角形）

我们把白棋的⊗和黑棋的▲去掉，就可以得到一个一清二楚便于计算的形状了。

图7

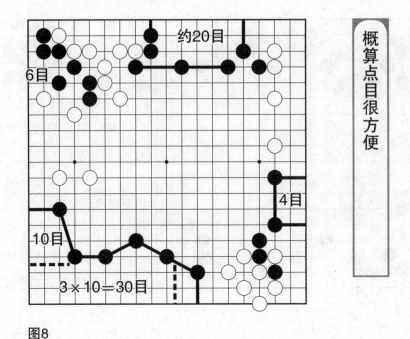

約20目

6目

概
算
点
目
很
方
便

4目

10目

3×10＝30目

图8

为了更进一步方便计算，我们将图7中的白⊗和白△去掉。

上边的黑棋是3×5＝15，约20目。

下边一带的黑棋是3×10＝30，左边是3×3＝9，加起来约40目。

左上和右边的黑棋加起来约10目，我们就可以得出结论了，**黑棋全部加起来，20+40+10，约70目。**

在实地的界线完整划出之前，不妨先像这样，概算点目，行之有效很方便。

就像图3所计算的那样，白棋约40目，黑棋约70目，现在这个节点，黑棋目数领先。

请大家在今后的对局中以此为基准，设计自己的作战方针。

提走的死子和盘面上的死棋，在点目的时候，既可以像图1右下的白棋那样认真地去计算，也可以像图6→图7→图8那样，将碍事的棋子拿走，相互抵消，哪种方法都很实用。

计算目数的方法多种多样，找到最适合自己的最重要。

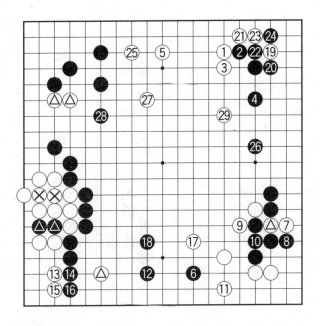

实地的大致计算

问题26　黑先

问题图

到此为止，我们已经学习了如何计算实地的一些方法，这种在对局途中计算相互的实地目数的行为就叫**"点目"**。

就是用眼睛去清点，在心里面计算。

在脑海里划出假定围空的界线后进行计算或许有一定的难度，不过，一旦养成习惯后，你的想象力、计算力、记忆力就会得到大幅度提升，大脑也得到了锻炼。

另外，我觉得**点目和整地**也有非常密切的关系。

• **点目好的人整地也好。**

• **整地好的人点目也好。**

当点目和整地越来越好的时候，形势判断也会越来越正确，围棋水平也就越来越高。

问题图是第147页图7开始又进行了很多手之后的局面，现在是双方的实地大致可以计算的状态了。

白⊗是黑棋被白棋吃掉的地方。黑▲和白△是双方的实地中的死子。

点一下目吧，看看双方都有多少？

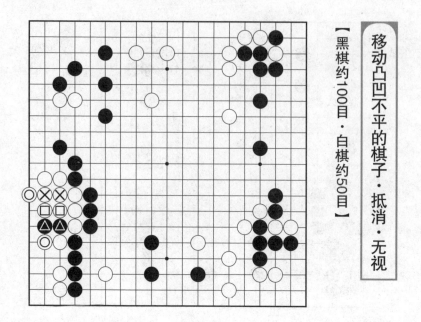

移动凸凹不平的棋子·抵消·无视

【黑棋约100目·白棋约50目】

图1

计算实地时的方法主要有下面三种：

· 耐心地一目一目去数。

· 2→4→6→二目二目去数。

· 找出四角形用乘法去数。

一目一目、二目二目的数法，在计算碎空和凸凹不平的实地时非常有效。

对于巨空或凸凹不多比较整齐的实地，找出四角形来会更快更准确。

比较复杂的是上述两者之间的实地，不大不小且凸凹微妙——这种场合，对于那些凸出来或凹进去的棋子：

· 移动凸凹的棋子呈一条直线。

· 提掉的死子和盘上的死子相互抵消。

· 暂且无视最后调整。

左下的白棋，吃住黑棋两个子，还提过黑棋两个子，白□和白◎更是凸凹不平很碍事，这种时候，白□两个子和白◎两个子，可以和被提掉的黑✕两个子以及黑▲两个死子相互抵消，暂且就当作这八个子不存在，这样计算起来就很容易了，白棋实地约20目。

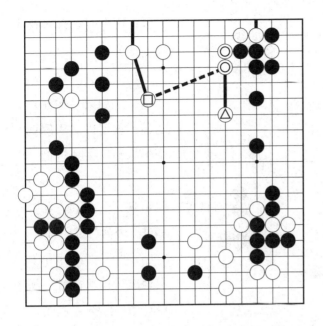

图2

图2（间隙多的地方要自控）

上边的白棋，白△和白◎之间是二路，黑棋也相对比较远，所以界线的联络就很容易，而白△和白□之间的距离是四路，间隙较大，最大限度计算的话，30目弱，但是稍微自控一些比较妥当，可以看成是20目强。

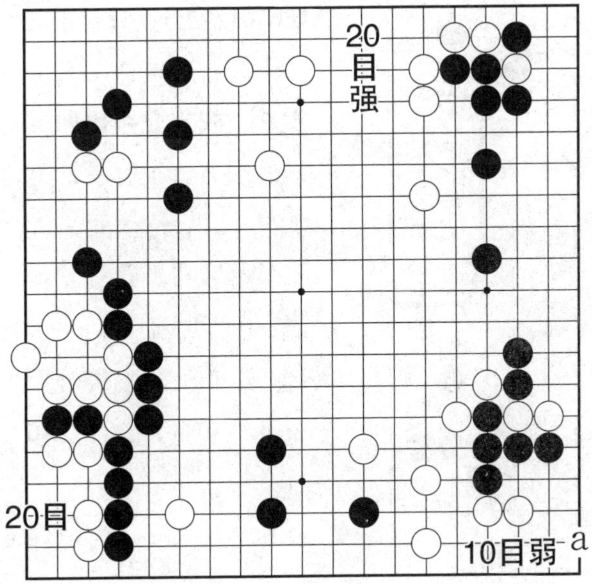

图3（合理计算）

右下的白棋很想算它有10目，但是由于有黑棋a位的大伸腿，所以算它10目弱。上边的20目强加上右下的10目弱，算成30目是比较合理的。

左下20目加上30目，白棋约50目。

图3

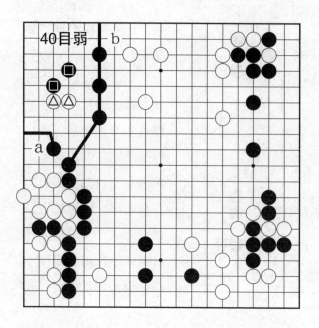

图4

图4（要考虑到减少的可能性）

　　左上角的黑棋，白△两个子如果看作死棋的话，就可以和黑■两个子抵消，去掉这四个子，一个漂亮的四方形就出现了，5×8=40。不过，因为白棋还有a、b的侵消手段，存在着实地减少的可能性，所以算作40目弱。

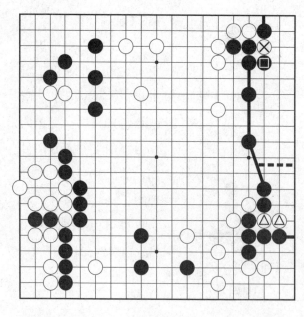

图5

图5（巨空分割计算）

　　像右边这样巨大的实地，找出分割出四方形的地方就很容易计算了。

　　白⊗和黑■相互抵消，白△加倍计算。

　　这样，右上约30目，右下约10目，合计约40目。

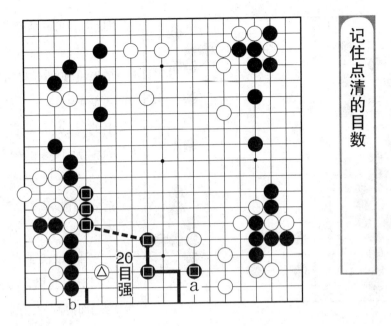

图6

下边的黑棋，由于还有白棋a、b的官子手段，而且■之间还有间隙，所以，假定实地界线比较难划，如图所示，算20目强。

黑棋左上约40目弱+右边约40目+下边20目强，合计100目左右。

白棋约有50目，作为4子局，可以说这是黑棋大幅度领先的局面。

不过，这个形势判断说到底只是现在的状况，随着今后的进展，已经被吃掉的白△一子一旦出动，下边的20目可能就没有了。

即便如此，左上和右边还各有40目，合计80目，毫无疑问，形势当然还是黑棋比白棋有利，可以在从容的心态下去战斗。

当模样和实地在一定程度上坚实起来之后，概算出目数并记住，面对今后出现在盘面上的各种手段时，就会沉着冷静地去应对。

好，现在我们看一下，形势判断之后，黑棋的下一手在哪里？

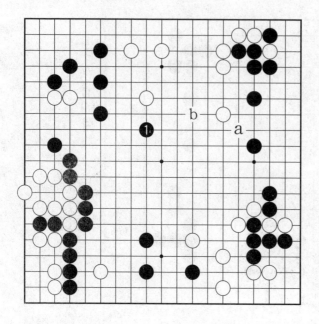

图7

图7（活用形势判断）

　　我们已经看到，图6是黑棋现状有利的局面，从黑棋的角度出发，下一手的黑1是自然的一手，既扩大了黑棋模样，也削减了白棋模样，非常充分。黑a则是坚实的一手。

　　黑b位浅消的话，自己制造出弱棋，很可能成为局面混乱的原因。

　　形势判断的时候，表示彼此形势优劣的状态有以下几种说法，顺序是按照棋逢对手、盘面还分不出胜负的状态，到胜负的天平慢慢向一方倾倒。

- 细棋·微差·半目胜负*·和棋*

↓

- 厚实·稍好一点·不错

↓

- 贴不出目（白棋好）·盘十（黑棋好）

↓

- 优势·胜势·大差·完了

　　最后的"完了"，是大棋士梶原武雄先生在形势判断时的名句，"这盘棋完了"（一方有压倒性优势）的省略语。一般人说这句话，或许会让人反感，但当梶原先生用他那独有的明快、锋利、尖锐的口吻说出这句话时，大家反而都接受了。

*分先时黑棋要贴6目半，所以有半目胜负。

*和棋是整地之后黑棋和白棋的目数一样。

专栏　关于"投子"（投了）

围棋的终局主要有两种方式。

一种是黑白双方已经都没有要下子的地方，棋局结束，通过整地决定胜负。

另外一种就是**"投子"**，一方有了致命的失败或做出了形势判断后，**觉得没有了胜机而认输**。

因对方投子认输而赢的一方，叫作"中盘胜"，输的一方叫作"中盘败"。

投了的礼仪大致有三种：

- **说一声"我输了"或"没有了"。**
- **把提掉的对方的棋子摆在棋盘上。**
- **没有提子的话就把己方的两个摆在棋盘上。**

有风度地说一声"我输了"，或将提子轻轻地摆在棋盘的角上后，礼貌地点头致意，是非常**漂亮的认输方式**。

赢棋的一方心情也就更好，大概会这样想吧："有机会还会跟他再下一盘。"

我们也见过这样的人，不愿意认输而絮絮叨叨，或将盘上的棋子"哗"地一推……其实，干脆利索地投子认输，调整心情，可以为下一次发挥出更好的水平做一个心理上的铺垫。

问题是，"什么时候""在什么时机"投子？

每个人都不一样。

对胜负淡泊的人，或许会因为对局时的心情出现问题而在很早的阶段就投子，倔强的人或因为走了悔恨的一手而不甘心，就会磨叽磨叽迈不出投子这一步。

职业的世界里，也有算清最后将会输半目时而投子的棋手（我是怎么也做不到的）。

无论怎么说，**投子是由当事者的意志坚定决定的**。

偶尔会看到这样的情景，已经赢定了的一方说道："差了这么多你还要下到什么时候？""快点认输得了！"这是不对的，应该和输棋的一方一样，赢棋的一方也要讲究礼仪。

对局结束后要计算双方实地的目数，于是就要进行"整地"——我从孩子的时候开始就非常喜欢整地。

因此不管大差不大差即便已经输定了，我还是坚决不投子坚持到最后，因为就是觉得整地是件很快乐的事情（这个习惯到了成为职业棋手之后好像也没有改变）。

在打谱学习的时候，遇到不是中盘投子而是下完最后目数的情况，我就一个人继续摆下去，在棋盘上整地。

当然，也有人会觉得整地这件事"太麻烦""不喜欢"，即便是有段者也有整地的"苦手"。极端的例子是整地还没有完，但是已经知道了胜负，就中途停止不再继续了。

最近，很多人在网上对局，也有人通过AI等围棋软件学习，结果是会下围棋而不会整地的人越来越多。

我觉得，这是非常令人遗憾的事情，下围棋的乐趣因此而减半。

整地是要对比赛结果进行正确的数值化的确认，不仅可以看出对局中形势判断是否有偏差，**整地还充满了拼图的要素，对大脑的锻炼非常有益**。

简单概括一下整地的流程——

取走棋盘上的死子→死子和提子一起填回到对方的实地里→移动同色实地中的棋子消除凸凹→四角形实地以10目为单位碎目集中在一个地方→在棋子铁壁上别的颜色的棋子很多的时候，从没有关系的实地中替换同样颜色的棋子统一成一色。

按照这个顺序操作，就会减少出现差错。

重要的是：

· 从容平静不慌不忙。

· 注意不要在盘上和对方的手交叉碰撞。

· 对方整地很出色的时候就先好好看着。

希望大家尽情享受围棋以及整地的快乐。

第 6 章

让子棋实战谱

我们在这一章里，将通过让子棋的实战，学习上手的思考方法。

19路盘的让子棋，结合实力的差别，传统上是从2子局到9子局，在棋盘上星位的地方放上被让的棋子，开始对局。

9子局也被称为"井目"或"星目"。

如果实力的差距是让9子井目依旧不够的话，可以在各个角上的三三再放上一子（"风铃"），还可以在各个星位之间放子，也可以在边上的星位下面放一子（"玉柱"），进行调节。如果上面所说的地方都摆上了子，就叫"井目风铃玉柱中四目"，就是33子局。

这样一来全盘都是黑棋，白棋当然很难下——这在很早以前入门指导的时候经常会出现。

一般而言，让子棋里还是9子局最多，传统上，棋子摆放的顺序是有规定的，如果知道了这个顺序，"这个人懂规矩，了不起"，**上手会对你产生敬意**。

9子局A～I，8子局A～H，7子局A～F+I，6子局A～F，5子局A～D+I，4子局A～D，3子局A～C，2子局A～B。

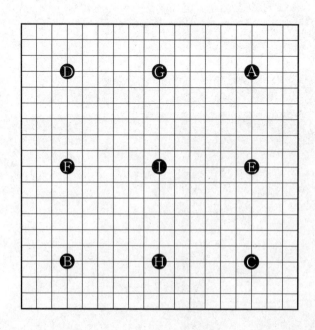

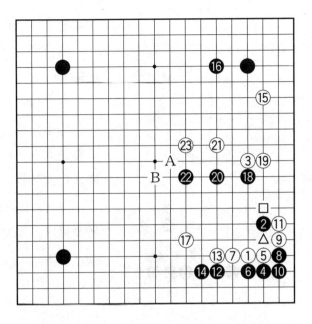

问题27 黑先

问题图

这是业余爱好者网上对局的实战谱。

白棋是业余7段，黑棋是业余4段，相差3段让三子。

11这手棋，在△位粘是普通的定式，白11的爬也是有力的一手，近年来常常出现。

黑12跳出是紧要的一手，接着白13，我们在第109页讲到过，强化了黑棋，帮黑棋走棋，犯了帮倒忙病。7段的一方应该是觉得这是先手吧。

让子棋的上手都想尽快将所让子的"损失"捞回来，有时候就会先着急起来，13这手棋应该不慌不忙在□位补强白棋，制住黑2一子，消除自身的弱点，是本手。

"欲速不达！"

瞄着△的毛病，活用黑2一子，黑18积极地主动出击，是非常漂亮的打入。

下面的问题都是二选一，黑棋A和B的出头，哪一个更好？

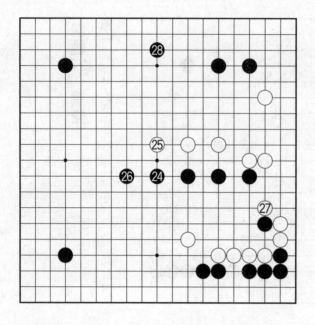

正解图

正解图（快速出头）

黑24的一间跳，直接快速出头。

白25跳，黑26还跳，逃出白棋的追击，先期进入左边广阔的空间。白27补棋防守，鉴于右边已经被压扁，转身可以占据黑28等大场。

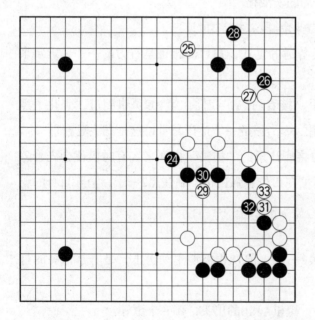

失败图

失败图（实战·第二谱24～33）

黑24尖了一手，担心联络出现问题，和正解图相比，就可以看出是慢了一步。对白25，黑26、28坚实防守。

白棋交换了29之后，31、33联络。

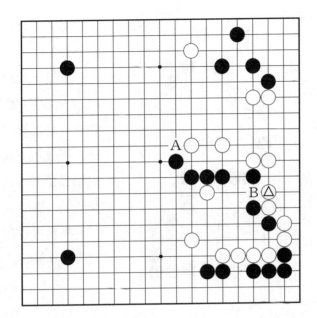

问题图

白△长的场面。

日本的围棋规则强调，围棋是"实地争夺的游戏"，而3000～4000年前围棋诞生时最初的规则并延续到现在的中国，却强调围棋是"棋子生存竞争的游戏"。

也就是说，想办法让盘上己方的棋子增加，而不让对方的棋子增加。

比较一下，好像说的不是一个游戏似的，其实，日本说的"实地"，解释一下的话，就是对方没有落子的地方成为实地，所以，你的实地越多，对方棋子增加的场合就会越来越少。

因此，不论用日本规则还是用中国规则，围棋的本质都是一样的。

为了增加实地，就有必要在盘上增加有利于己方的战场。

有利的战场的另外一个说法就是"势力"。

能够增加黑棋势力的地方在哪里呢？

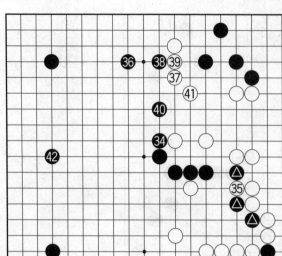

正解图

正解图（不介意残子增加势力）

黑34，弱棋出头，同时加强中央的黑棋势力，是绝好点。白35冲，不仅地方狭小，在白棋强子的面前，黑△是残子，很小。

黑棋可以脱先，先行占据其他的好点。

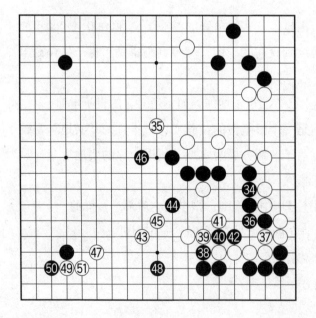

失败图

失败图（实战·第三谱34～51）

黑34粘，狙击白棋的断点。但是如实战的进行，可以看到，白35、43在宽广的左边出头，黑40、42虽然分断，白棋却毫无所获——这种切断叫"单官断"。

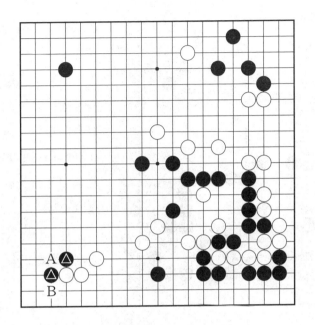

问题图

人们常常说，一旦开始战斗，棋子之间的联络格外重要——我也常常这样说。

但是，**真正重要的是，切断的棋子和被切断的棋子的强弱以及随着后面的进行，你能不能占据到能够成为实地的地方。**

34～42手为止，黑棋即便切断了白棋，由于对方是强子，不仅无法进行有效的攻击，好点也都被白棋占据，黑棋的切断成为"单官断"，一定要注意。

另外，有人说，棋子联络起来就是好棋，然而，当棋力提高之后，你就会考虑自己如何能够下在成空的地方，而让对方在没有目数的地方联络，从而获取利益。

在没有目数的地方联络叫**"单官联络"**，请一定当心。

实战是白棋进入下边，缠绕左下的黑棋。

黑▲二子处于斜线状态还没有联络，是有毛病的棋形。

A、B两点，守哪个好呢？

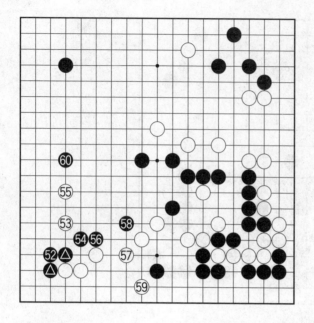

正解图

正解图（补强弱点进行战斗）

黑52和黑▲二子牢固地连接在一起，是强有力的棋形。像这样彼此都是弱棋的时候连接起来加强自身的手法不是"单官联络"。

对白53，黑54可以态度强硬地正面应战。

失败图（实战·第四谱52～69）

实战白52立下，虽然增加了角上的实地，但是留有白◻的毛病，对白53，不得不黑54防守，结果让白棋在外面得到加强，黑棋痛苦。

黑58到白69，双方都没有什么问题。

失败图

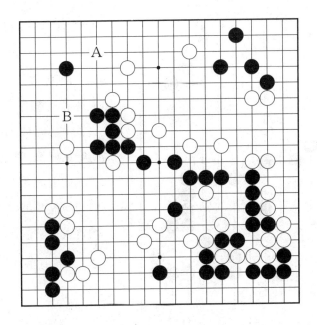

问题图

普鲁士（现在属于德国）铁血宰相俾斯麦有句名言："**愚者向经验学习，智者向历史学习。**"

如果仅仅从字面上理解，好像自己的"经验"没有什么意义，"历史"才是最重要的似的。然而，俾斯麦真正想表达的意思是，"**愚者只相信从自己的经验中去学习，而我为了避免自己的错误，从一开始就更愿意从他人的经验中去学习。**"

字面的意义和内在的含义完全不同。

"**从他人的经验中去学习历史和教训等固然重要，而自己的经验里方法正确的话，也是能够学到东西的。**"我觉得，俾斯麦的话里还有这层意思。

围棋也是如此，如果不能从自己过去失败的经验里挣脱出来，成为心理阴影，就会影响你的进步。

不要被自己失败的经验所左右，也不要被对手的棋子所迷惑，坦诚直率地将整个棋盘收入眼底，去发现好点。

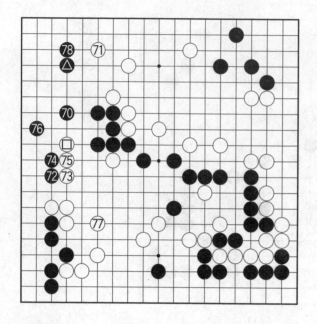

正解图

正解图（补强弱棋后攻击）

黑70，将中央的黑棋大龙和黑△连接起来，一间+二间的棋形，是防守的好形。

同时，黑70对弱子白□也构成压力，黑72的打入非常愉快。

失败图（实战·第五谱70～79）

黑70，远离中央，联络薄弱，对强子白△施压没有什么意思。因此，白71到75的交换完全没有必要，现在是白a之类直接打入左上黑棋阵营的时机。

失败图

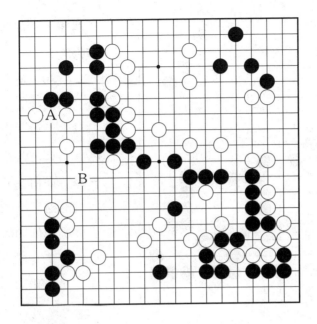

问题图

削减或洗劫对手的模样、实地，主要有以下三种方法：

- **打入模样或实地。**
- **吃掉对方构成模样或实地的棋子。**
- **在模样或实地的外面侵消。**

第一个就是打入对方的阵营中去，要么活出一块棋，要么逃出，从而达到削减对方实地或将实地洗劫一空的目的。

第二个就是吃掉对方的棋子，将对方的实地变成自己的实地。

要想做到这一点，就一定要**发现对方的弱点（断点、气紧等）进行狙击。**

第三个就是已经无法进入对方的阵营，那就尽量不让对方围得太大，在外面进行侵消。**需要记住的要领是，靠近地方阵营间隙大的地方，顺序是从对方阵营的高处到低处。**

左边的白棋阵营已经很难打入了，从哪里进行侵消最好呢？

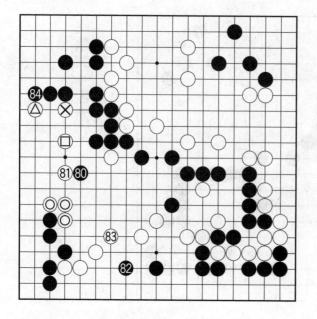

正解图

正解图（从间隙大的地方侵消）

黑80，从间隙大并且高的的地方进行侵消是基本手段。白△、白⊗、白▢之间都是隔着一路，而白▢和白○之间是三路。黑82，增加己方实地的同时，迫使白83"单官联络"。黑84挡下，狙击白△。

失败图（实战·第六谱80～107）

黑80，被"反正是先手"的心情所左右，黑棋不仅没有增加实地，还撞气弱化了黑●，和白81交换后，让白△和白⊗好形联络，是"帮倒忙"。

失败图

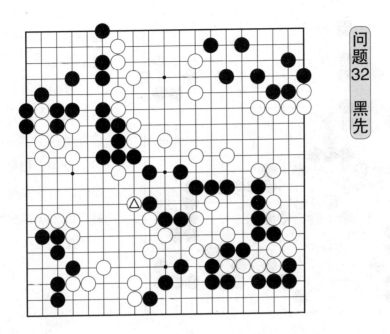

问题
32
黑
先

问题图

渐渐地战斗结束了，双方开始确定各自的实地。

下面要做的工作就是**确定实地的界线，扩大己方的实地和减少对方的实地**，这两点非常重要。

这个工作就叫**"收官"**（也叫**"官子"**），日语的汉字写作"侵分"，意思就是"侵入、瓜分土地"。

常常听到有人说"最讨厌官子"，这里，给大家几条提高官子的要领。

• 以棋子少的空间为目标。

• 以大的实地最宽的间隙为目标。

• 以相互实地的界线为目标。

• 上述的顺序是三线→二线→一线。

• 注意构成实地的棋子弱点。

简而言之，收官的基本就是"从大的地方开始"，第213页讲到的"出入计算"的知识需要掌握。

对于白△，前面讲到的要领使用哪一条呢？

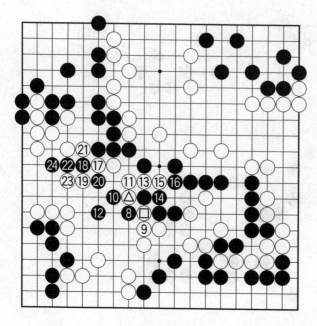

正解图

正解图（击穿对方防线）

白棋试图扩大中央的实地，然而白△和白□有毛病。黑8切断严厉，黑10、12好手，中央的白棋被黑棋强行撕裂，最后吃掉白棋数子得利甚大。

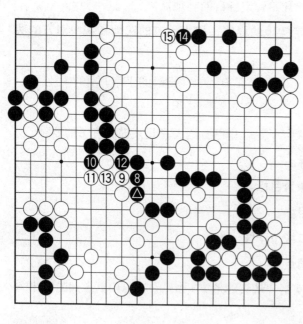

失败图

失败图（实战·第七谱108～115）

实战里可能是觉得黑△是弱子，于是黑8粘守住实地，贻误了战机。附加一句，黑12不要下，这里是没有目数的地方。

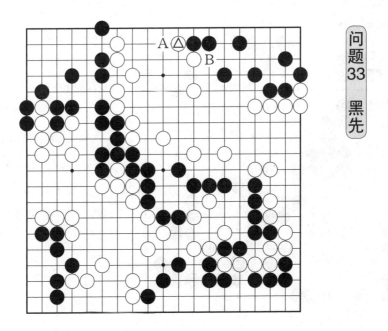

问题图

问题
33
黑先

不仅限于收官，围棋的其他方面也是一样的，要想进步，有一件事情要尽量去做到，那就是，**"该下的地方就下，而不下也可以的地方就不要下。"**

如果能够做到这一点，就会比较轻松，但是在实战中总是不知不觉地下在了没有必要下的地方，自己让出了机会，对手自然轻松愉快。

要想有所改善，做到下面几点非常关键：

• **专心致志、客观地纵观全局寻找好点盘上。**

• **客观地判断黑白的强弱。**

• **不害怕失败敢于挑战。**

下手的一方在被上手下到了好点时，常常会后悔地说道："本来我也想下这儿来着……"

在对方下到这个好点之前，本来是轮到自己下的，不要总想着"没办法，不应一手不行……"每手都跟着应，这样就会被对手牵着鼻子跑——大家试试大胆地去下自己想下的地方吧。

上边白△扳下挡住的场面，黑棋应该怎么办？

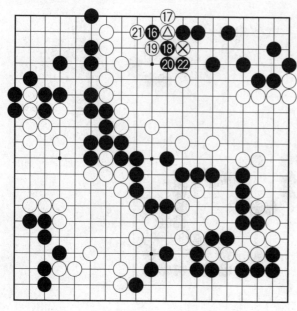

正解图

正解图（夹）

黑16狙击白△和白⊗的弱点，夹一个进去是侵入的常用手段。接下来，17位的渡过联络和18位的切断见合。

到黑22为止吃掉白⊗一子，战果极大。

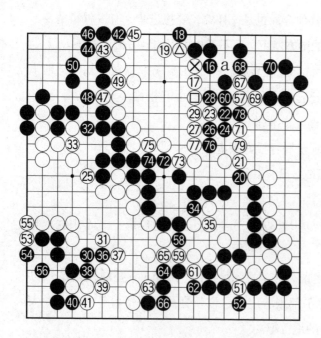

失败图

失败图（实战·第八谱116～179）

实战中因为黑16位守，白17得以将白⊗和白▢联络在一起，强化自身的同时，还起到了补强白△的作用。黑16是根本不需要防守的地方，如果白16的话，黑a挡住没有任何问题。

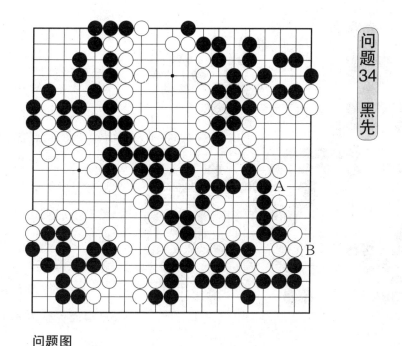

问题图

对于基本上已经定型的对方的实地，削减的方法大致有两种：

- **让对方实地界线往后退。**

- **让对方在自己的实地中补棋。**

第一种"让对方实地界线往后退"比较容易理解，对方的墙壁尚未完成之前，从间隙处侵入削减对方实地。

第二种一般人好像很少注意到。

就像在第167页里解说的那样，即便对方的铁壁已经完成，但是实地中却还有对方打入的可能性的场合，这时就有必要在实地中进行防守，补一手棋。

因为是在自己的实地中落子，实地的目数自然就会减少。

让对方补棋的条件就是让对方的棋子弱化，对方一旦补棋，己方就获利。

下面的问题虽然比较简单，请计算到最后。

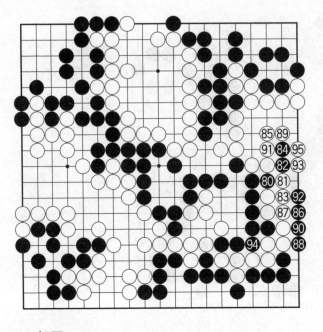

正解图

正解图（收气吃）

右边的白棋被黑80一冲，暴露出多处毛病，气也很紧，羸弱不堪。白81应，黑82切断之后延气，白棋实地被削减。另外，为了吃掉黑二子白棋在自己的实地里下了5手，比黑棋多花了3手棋。

这种让对方吃掉自己棋而论获益的手段叫"收气吃"。

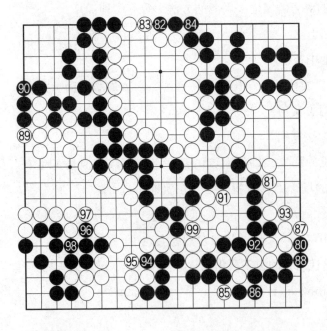

失败图

失败图（实战·第九谱180～199）

被白81守住，贻误了战机。

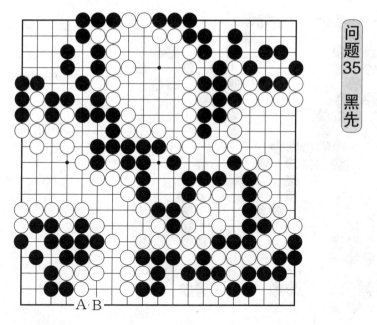

问题图

如果我们追究一下围棋的得失包括吃棋在内的情况，就会得到这样一个认识：

- 己方的实地增加（己方得，对方失）。
- 己方的实地减少（己方失，对方得）。
- 对方的实地增加（己方失，对方得）。
- 对方的实地减少（己方得，对方失）。

己方下在某一个点，得（失）到了几目呢？反过来如果对方下在某个点，得（失）又是几目呢？对"某一个点"的价值进行计算，就叫"出入计算"。

正常情况下，为了赢棋谁都想"得"，所以，我们就要知道，这手棋具体下在哪里，能够得到几目。

的确，出入计算又烦又难，不过，只要认真去计算，谁都能够做到——可以先从狭小的地方慢慢开始练习。

我们拿第212页当例子来看一看，正解图的白棋实地是11目，失败图的白棋实地是19目，黑棋亏了8目。

好，现在我们看看，A和B，哪一点所得更多？

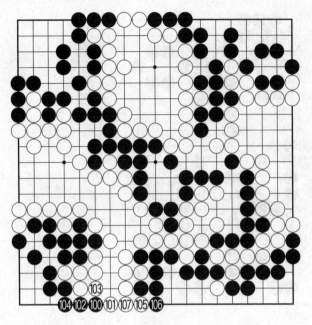

正解图

正解图（削减对方实地，获得收益）

黑100敏锐，侵入对方实地，因为看到了102和107的联络是见合。

白101，黑102可以联络，如果101在黑102，白107也可以联络。

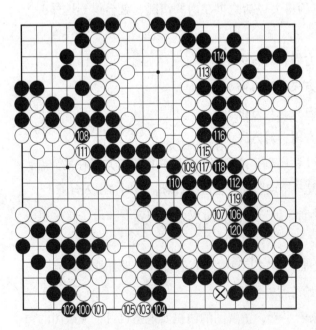

失败图

失败图（实战·第十谱200～220终局）

黑100在下面扳粘，白棋实地有5目。正解图白棋实地只有3目，黑棋亏了2目。黑112下在白113位的话，114就不用补棋了，黑棋损了1目。

第120手，全局结束。

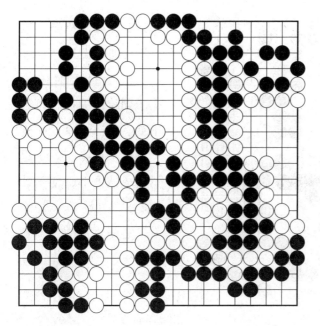

整地1

整地1（死棋拿出）

　　整地，确定输赢，首先要整理盘面，将留在盘上的死棋取走。将第214页终局图里的白⊗拿出，成为这样干干净净都是实地的状态。

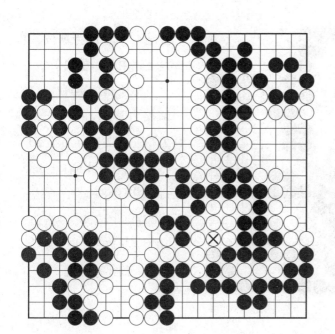

整地2

整地2（把死子填回）

　　将对局中吃掉的棋子和终局后取走的死棋子填到对方的实地里。

　　这盘棋死子很少，填到白⊗那样的小地方，将来数棋很方便。

　　（中国围棋的规则是数子而不是数空，子目皆地——译者注）

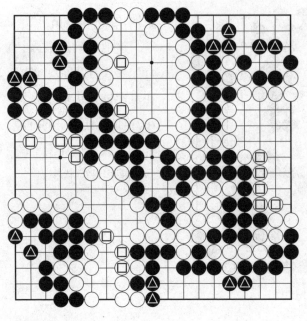

整地3

整地3（移动棋子，减少不规则形状）

相互的实地中，棋子同伙调换位置总数不变。将凸出来或凹进去的棋子调换一下，尽量变成四方形，便于计算。

需要注意的是不破坏界线。

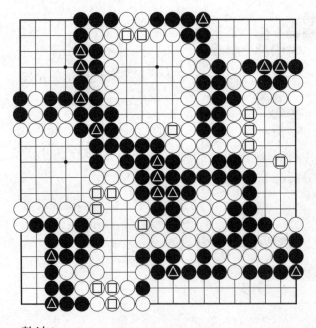

整地4

整地4（以10为单位，角上集中为一整块）

整地3的黑▲和白▢调整为整地4的样子，黑棋左上20目+右下20目+左下10目+右上18目，共计68目。白棋左边20目+上边20目+右边20目+下边10目，共计70目。白棋2目胜。

翻译心得

作为早年在日本留学过的职业棋手，回国后又从事过"北方棋艺"日文专栏的翻译工作。所以在刚接到翻译任务时，很快就答应下来。水间先生所著的《围棋打谱提高法：黑棋的作战下法与白棋的行棋意图》和《围棋高手在想什么：基本作战问题大集锦》这两本书，表现形式跨度很大，阐述问题的方式也很新颖。

新颖之一，书中在论述围棋知识的同时，还多角度描述棋手在对局过程时的内心世界。例如上手（高手）在对局时的心态及思考方法，对局面的理解，对未来的预判等做了深入的描述；同时从下手的角度及思考方法，心里障碍，常犯的错误等常见的问题方面做了细致的分析并提出了解决办法。

新颖之二，这两本书受众面很广，跨度较大，列举的问题贯通全局。通过对这些问题，加以深入详细的剖析，归纳出朗朗上口的"口诀"，为爱好者总结出丰富的理论知识，同时以大量的文字讲述了棋手的思考方法、围棋的理论和基础知识，通过简单的实例，阐述了深奥的围棋内涵，以朴实、干练、含蓄的语言，全面描绘出棋手在对局时的思想、感受、喜怒的内心世界，给人耳目一新的感觉。

新颖之三，水间先生的这套书还有一个特点，在每个章节后面，以风趣幽默的短文形式，介绍了围棋在日本的人文风情。例如棋手在对局时的表现、举止、习惯等，使读者在学习围棋知识的同时，还能大致了解到日本的围棋规则，以及围棋在日本社会的影响力。

水间先生的这两本书具有独特的见解，并结合AI时代对围棋的重新理解，全面地讲述了下一盘棋的过程中上手和下手的内心世界，如同围棋爱好者的心理教科书，值得阅读。

　　本书对围棋棋手的内心世界、思考方法、风土人情等做了大量的描述，给翻译工作带来不小的压力。为了完美解读水间先生的思想并完美地展现出来，提升精准性，邀请了旅日好友刘林先生共同完成此次翻译工作。

　　最后感谢辽宁科学技术技出版社精心策划此项工作，尽管我们在翻译过程中竭力付出，难免有表述不当及不完善的地方，敬请广大读者多多谅解，批评指正。

鲁健